RÉFLEXIONS ÉPARSES SUR L'ITALIE POLITIQUE CONTEMPORAINE

Droit comparé

Collection dirigée par Arnaud Martin

Parce que le droit ne peut plus être considéré dans sa seule dimension nationale et que son étude doit s'ouvrir aux droits étrangers, que l'analyse comparative permet de s'échapper des déterminismes qui faussent l'étude des systèmes juridiques et que l'étude des systèmes normatifs étrangers peut faciliter la recherche de réponses aux questions juridiques, la collection Droit comparé met à la disposition des chercheurs et des praticiens du droit un ensemble de travaux destinés à alimenter leur réflexion tout en donnant aux objectifs, aux méthodes et à l'utilité de l'analyse comparative une plus grande visibilité.

Elle publie des recherches en droit comparé ou accordant une place importante au comparatisme juridique, que ce soit en droit public ou en droit privé, en droit français ou en droit étranger, que celles-ci prennent la forme d'essais, d'actes de colloques ou de séminaires ou de thèses.

Elle est naturellement ouverte à toutes les écoles de pensée juridique, ainsi qu'aux recherches pluridisciplinaires dès lors qu'elles présentent une dominante juridique.

Déjà parus :

Arthur BRAUN (coord.), *Mélanges en l'honneur de Stéphane Pierré-Caps. Constitution, Etats et peuples*, 2023.

Daniel POLVERELLI, *Le rayonnement des institutions napoléoniennes à travers le monde*, 2022

Benjamin DABOSVILLE (dir.), *Comment juger en matière de rémunération ?*2022

Florian SAVONITTO (dir.), *« Dictatures » et consultations électorales en Europe et aux Amériques*, 2021.

Memduh Cemil SIRIN, *L'administration de la protection de l'enfance*, 2021.

Arnaud MARTIN (dir.), *L'enfance et le droit en Amérique latine,* 2020.

Philippe CLARET et Florian SAVONITTO, *La réforme constitutionnelle sous le quinquennat d'Emmanuel Macron. Les projets de loi pour une démocratie plus représentative, responsable et efficace,* 2020.

Julien Giudicelli

RÉFLEXIONS ÉPARSES SUR L'ITALIE POLITIQUE CONTEMPORAINE

L'Harmattan

5-7, rue de l'École-Polytechnique, 75005 Paris

http://www.editions-harmattan.fr

ISBN : 978-2-336-49051-9
EAN : 9782336490519

À la mémoire de mes parents
À Ilaria

SOMMAIRE

SOMMAIRE

EN GUISE D'INTRODUCTION

La société politique italienne a connu, au sortir de la Seconde Guerre mondiale et jusqu'à présent, deux périodes. Le mouvement de bascule s'est opéré au début des années 1990. Jusqu'à l'orée de la dernière décennie du XXe siècle, les deux partis dominants étaient, sans conteste, la Démocratie chrétienne (DC) et le Parti communiste italien (PCI), malgré un pluripartisme favorisé par le proportionnalisme en vigueur dans les deux assemblées. Mais, alors que la DC affirma sans discontinuer son hégémonie politique (exemple paradigmatique, Giulio Andreotti, qui eut des fonctions gouvernementales de 1947 à 1992 — à l'exception d'une période finalement relativement brève, de 1979 à 1983, plusieurs fois en tant chef du gouvernement ou, à tout le moins, comme ministre), soit qu'il gérât en propre les affaires du pays en accaparant le Palazzo Chigi, siège de la présidence du conseil, soit qu'il la déléguât en apparence à un de ses alliés, le PCI ne parvint jamais à exercer des responsabilités nationales. Les États-Unis n'auraient pu accepter que le parti communiste le plus influent de l'Europe occidentale accédât au pouvoir national, d'autant qu'il disposait de nombreuses bases militaires dans la botte. La DC, alliée indéfectible de l'Oncle Sam, usa pour cela d'un stratagème efficace. Elle ne pouvait, en raison du système électoral proportionnel, détenir seule le pouvoir. Mais, en tant que parti le plus influent, elle sut habilement former des gouvernements pluripartites (on parla ainsi de quadripartisme voire de pentapartisme), associant différents mouvements pivots et sachant convaincre certains partis de centre gauche de le rejoindre. Ce fut le cas notamment du Parti socialiste italien qui, contrairement à son homologue transalpin, refusa l'idée d'une Union de la gauche. C'est ainsi que Bettino Craxi fut presque quatre années durant, de 1983 à 1987, président du conseil.

Une expérience fut pourtant tentée dans les années 1970. Celle du compromis historique qui aurait pu unir, dans une coalition gouvernementale, DC et PCI, pour contrer notamment le terrorisme des années de plomb. L'aile réformiste de la DC, menée par Aldo Moro, proposa l'idée, acceptée par le parti (malgré la réticence de nombre de ses figures de proue, notamment Giulio Andreotti ou Fernando Cossiga) d'une alliance avec le PCI. C'est ainsi qu'Aldo Moro et Enrico Berlinguer, le secrétaire général du parti communiste, s'accordèrent sur un rapprochement qui pouvait alors apparaître contre nature. Ce serait oublier deux facteurs d'importance. L'idée fut forgée durant les années de plomb qui ensanglantèrent la péninsule. Tout d'abord, l'extrême gauche terroriste, notamment les Brigades rouges, accusait le PCI d'être en collusion avec la bourgeoisie et ne cessa d'affirmer qu'il n'était plus, et ce depuis longtemps, révolutionnaire. L'extrême droite clandestine, à l'origine d'attentats de masse, menaçait de déstabiliser le pays, en théorisant la « stratégie de la tension », qui avait pour but de provoquer un début de guerre civile permettant aux militaires d'opérer un coup d'État pour rétablir l'ordre en instaurant un gouvernement néofasciste et mettre au ban le PCI. Par ailleurs, il serait par trop convenu de plaquer les repères français usuels sur la cartographie politique de l'Italie. Le PCI était traversé par différents courants. L'un proprement révolutionnaire, l'autre réformiste, constitué des *miglioristes*, l'aile droite du parti, augurant d'une réorientation sociale-démocrate qui finit par naître avec la dissolution du PCI en 1991 et la formation d'un nouveau parti, le PDS, parti démocrate de gauche, qui eut tôt fait de se débarrasser des racines idéologiques de son prédécesseur immédiat. De même, il serait abusif d'affirmer que la DC était uniquement un parti conservateur. Certes, une de ses figures les plus importantes, Giulio Andreotti, était indubitablement un homme de droite, mais existait également au sein du parti une aile réformiste, à tendance sociale, incarnée, notamment, par Aldo Moro. La conjonction de ces deux facteurs, les années de plomb d'une part, les différents courants innervant la DC d'autre part, a favorisé ce pari. Expérience avortée, on le sait, en raison de l'assassinat d'Aldo Moro par les Brigades rouges en 1978. Le gouvernement Andreotti IV bénéficia certes du soutien du PCI qui vota la confiance, mais l'expérience ne dura qu'un an, jusqu'en 1979 et aucun ministre communiste ne fut désigné, la DC reprenant peu après sa stratégie d'alliance avec le PSI.

Le PCI, retournant alors dans l'opposition, s'éroda quelque peu au cours de la décennie 1980 tout en demeurant le second parti recueillant le plus de suffrages jusqu'à sa dissolution, à l'exception des élections européennes de 1984. Berlinguer, historique secrétaire général du parti, décéda brusquement le 11 juin 1984, à l'âge précoce de 62 ans, d'une hémorragie cérébrale pendant la campagne électorale, après un malaise quelques jours avant lors d'un meeting à Padoue. Peu après sa disparition, et devant l'émotion suscitée par la disparition de son leader, le PCI rassembla plus de 33 % des voix et obtint pour la seule fois de son histoire la première place, devançant les démocrates-chrétiens de 0,3 point. Victoire à la Pyrrhus, nous le verrons d'ici peu et développerons ce point dans le premier chapitre de cet ouvrage. Pour autant, le parti ne parvint aucunement au pouvoir. L'accession du socialiste Bettino Craxi à la présidence du Conseil du Conseil de 1983 à 1987 (longévité gouvernementale alors la plus grande, aucun gouvernement ne couvrant la durée entière d'une législature, comme en France de cinq ans) engendra une très importante tension entre le PCI et le PSI, le premier accusant le second de traîtrise, n'hésitant pas à qualifier le leader du PSI d'ennemi de classe. L'acmé du conflit entre les deux partis de gauche se cristallisa autour de la question de l'échelle mobile de salaires (l'augmentation de ces derniers étant annexée à l'inflation), on y reviendra plus longuement dans le chapitre consacré au parti communiste italien. Le 14 février 1984, le président du conseil ordonna par décret (dit de la Saint-Valentin) une coupe de quatre points sur l'échelle mobile des salaires, instaurée en 1975. Le PCI et la CGIL (Confédération générale italienne du travail, syndicat proche du parti, à l'instar de la CGT jusqu'à son émancipation du PCF) s'opposèrent durement à cette mesure au nom des intérêts des salariés. Le parti batailla de façon résolue au parlement, le syndicat sur les lieux de travail, le CSIL (Confédération italienne des syndicats de travailleurs), proche du PSI, et l'UIL (Union italienne du travail) soutenant tout au contraire la mesure. La résorption de la crise advient les 9 et 10 juin 1985 à l'occasion d'un référendum abrogatif initié par le PCI contre le décret de 1984. L'échec de l'initiative fut cinglant et les chiffres sans appel. 45,68 % des suffrages se prononcèrent en faveur de l'abrogation, 54,32 % en faveur du maintien du décret. Il amorça le déclin relatif du parti puisqu'en aux élections de la Xe Législature de 1987 le Parti communiste perdit trois points, se fixant à 26,6 % des suffrages quand la Démocratie chrétienne obtint 34,3 % des voix. Déclin relatif puisqu'aucun des partis héritiers du PCI n'accéda à tel étiage.

Au début des années 1990 on assista à deux phénomènes d'importance qui bouleversèrent irréversiblement le paysage politique italien. La dissolution du PCI d'une part, le scandale de *Tangentopoli*, système de corruption généralisée éclaboussant tous les partis, à l'exception de ce dernier, d'autre part. Achille Occhetto, dernier secrétaire du PCI et principal protagoniste de sa dissolution prononça à Bologne le 12 novembre 1989, un discours, resté célèbre dans l'histoire italienne sous le nom de *svolta della Bolognina*, profitant de la chute du mur de Berlin trois jours avant, où il annonçait, sans concertation aucune avec les membres de la direction, une évolution du parti, ce qui aboutit le 3 février 1991 à la disparition du PCI à son XXe et dernier congrès, à Rimini, et aboutit peu après à l'apparition du Parti démocratique de la gauche (PDS), rattaché à l'Internationale socialiste et débarrassé de l'arrimage marxiste qui, toujours, constituait l'idéologie première de son prédécesseur. Nous reviendrons sur ce point.

Deuxième facteur déterminant de la désorganisation du système politique traditionnel ayant prévalu jusqu'alors, le scandale *Tangentopoli*[1]. À l'occasion d'une affaire de marché truqué à Milan, le juge d'instruction Antonio di Pietro étendit ses investigations, réalisant que le système concernait tout le territoire de la péninsule et éclaboussait la quasi-totalité de la classe politique. Le fracas provoqué par cette découverte indigna l'opinion politique au fur et à mesure que la presse relayait la progression de l'enquête, dite *Mani pulite* (Mains propres), et la mise en examen de centaines de parlementaires. La *lottizzazione* (partage des postes de responsabilité publics les plus importants entre les trois plus grands partis, DC, PCI et PSI) finit enfin par

---

[1] Littéralement « Ville des pots de vin », Milan, où l'affaire commença.

révolter les Italiens, soucieux de mettre un terme à ce que les médias appelèrent, abusivement car la Constitution de 1947 est demeurée en vigueur, la Ire République. Le système électoral intégralement proportionnel, tant à la Chambre des députés qu'au Sénat, fut alors accusé de tous les maux, car aurait favorisé ce système. C'est à l'occasion d'un référendum tenu en 1993 qu'il fut réformé en profondeur, aboutissant à un scrutin majoritaire uninominal à un tour pour l'attribution de trois quarts des sièges, les autres demeurant ventilés à la proportionnelle. Les partis traditionnels, notamment les plus grands, PCI, DC et PSI disparurent définitivement de la scène politique, soit pour des raisons endogènes (le PCI) soit exogènes (DC et PSI).

La coalition de gauche d'Achille Occhetto, menée par le PDS devenu social-démocrate, était promise au pouvoir en 1994, mais la campagne fulgurante menée par Silvio Berlusconi, alors simple entrepreneur milliardaire, redistribua durablement les cartes. L'homme d'affaires avait réussi l'exploit de former une coalition entre son parti, *Forza Italia* d'une part, héritant pour l'essentiel des voix démocrates-chrétiennes et, d'autre part *Alleanza nazionale*, héritière du mouvement néofasciste italien MSI (Mouvement social italien), ayant opéré son *aggiornamento* conservateur et La ligue du Nord. Cette union des droites, s'étendant à l'extrême droite, a gouverné de nombreuses fois, jusqu'à pousser au pouvoir Giorgia Meloni, chef du parti *Fratelli d'Italia*, dont l'ascendance et le discours ne peuvent que le classer à l'extrême droite. Par ailleurs, *La Lega*, à l'origine anti-immigrationniste et séparatiste, se mua, sous l'autorité de Matteo Salvini, en parti ouvertement xénophobe, qui lui permit paradoxalement d'accéder aux plus hautes responsabilités, à l'exception de la présidence du conseil. Apparut aussi sur la scène un parti clairement démagogue, au programme indéfini, proposant des mesures inspirées tant de la gauche que de l'extrême droite, le Mouvement cinq étoiles, qui participa aux deux gouvernements Conte ; il fut allié tout d'abord à *La Lega* puis aux Démocrates, alliances successives des contraires. Parallèlement, les lointains héritiers du PCI, PDS tout d'abord, PD (parti démocrate) puis *I democratici*, ne parvinrent jamais sinon à dépasser, à tout le moins à égaler les scores de leur prédécesseur. Certes, au contraire de ce dernier, cela ne l'empêcha pas de conquérir le pouvoir, au prix parfois de coalitions hétéroclites, mais il apparaissait le plus souvent fragile, bousculé par des crises politiques à répétition. Ces dernières, multipliées, en raison de nombreux facteurs (scandales éclaboussant Berlusconi, situation économique italienne, instabilité gouvernementale chronique…) amenèrent à nombre de gouvernements techniques dirigés par des personnels issus de la société civile tels Mario Monti ou Mario Draghi, posant en ses fondements la question de leur légitimité démocratique. D'ailleurs le gouvernement de ce dernier, auquel refusa de participer *Fratelli d'Italia*, finit par tomber en 2022. Alors qu'en 2018 cette formation atteignait difficilement les 4,4 %, elle augmenta de 20 points son étiage en 2022, permettant pour la première fois à un parti postfasciste, héritier du MSI, d'accéder au pouvoir cent ans après la marche sur Rome, élevant par suite son score, aux élections européennes de 2024, jusqu'à tutoyer 29 % des suffrages.

C'est cette mutation dorénavant irréversible de la société politique italienne depuis les années 1990 que cet ouvrage propose de décrire, à travers diverses études, en forme de réflexion éparses, qui se proposent, chronologiquement, de dessiner la situation actuelle de la péninsule. Dissolution du Parti communiste, accession au pouvoir de Berlusconi réalisant l'union des droites et l'accès à son extrême aux responsabilités depuis trente ans, gouvernements techniques, itinéraire de *La Lega* et invariants structurels des extrêmes droites, à travers des allers-retours avec le monde politique français et à travers l'Histoire (notamment dans les articles consacrés à la gauche — *La gauche contre elle-même ?* — et aux extrêmes droites — *Voyage aux estremi* –) permettent de dessiner un tableau aux couleurs impressionnistes de la péninsule contemporaine depuis 1994.

UNE HISTOIRE DE LA FIN DU PARTI COMMUNISTE ITALIEN : LE PASSÉ D'UNE ESPÉRANCE (1921-1991)

D'Alema, dì una cosa di sinistra, dì una cosa anche non di sinistra, di civiltà, D'Alema, dì una cosa, dì qualcosa, reagisci ![1]
Nanni Moretti, Aprile, 1997

Les repères usuels de classification des forces politiques françaises ne sont que partiellement utiles pour l'analyse de la vie politique italienne. On identifie classiquement trois droites en France depuis René Rémond[2], les droites légitimiste (ou contre-révolutionnaire), orléaniste (ou libérale) et bonapartiste (ou césarienne). Aujourd'hui encore, ce schéma demeure opératoire. Le Front national (FN), dorénavant Rassemblement national (RN), se range dans la tradition contre-révolutionnaire et l'essentiel des forces des Républicains, parce que provenant de l'ex-RPR (anciennement UDR et UNR), mouvement gaulliste de filiation clairement bonapartiste, entre dans la typologie de la droite césarienne. Une classification plus récente de la gauche a été proposée par Jacques Julliard[3], qui distingue les gauches libérale, jacobine, collectiviste et libertaire. Ces quatre courants se sont entrecroisés depuis deux siècles, de sorte qu'il apparaît plus difficile d'y ranger de façon claire les partis politiques de la gauche française. Mais les deux partis les plus influents depuis la

---

[1] « D'Alema, dis quelque chose de gauche, même pas de gauche, de civique. D'Alema dis quelque chose, réagis ! »

[2] R. Rémond, *Les droites en France*, Paris, Aubier, 1990.

[3] J. Julliard, *Les gauches françaises. 1762-2012 : Histoire, politique et imaginaire*, Paris, Flammarion, 2012.

libération, le Parti communiste français et le Parti socialiste, captent, chacun, au moins deux de ces traditions : jacobine et collectiviste pour le PCF, libertaire et libérale pour le PS (la composante libertaire pouvant en partie se retrouver aujourd'hui chez Europe Écologie les Verts, certains courants du PS pouvant tout autant se retrouver dans la composante jacobine, voire collectiviste). Une classification radicale, moins riche, mais plus opératoire, propose de distinguer, depuis le Congrès de Tours (décembre 1920), une gauche réformiste (socialiste) et une gauche révolutionnaire (communiste). Si l'on analyse l'évolution des gauches françaises depuis la Libération, la gauche réformiste n'a définitivement supplanté, électoralement parlant, la gauche révolutionnaire, qu'à partir de la fin des années 1970, c'est-à-dire après l'Union de la gauche voulue par François Mitterrand, qui accéda à la tête du PS au Congrès d'Épinay. Pourtant, le PCF n'a que très peu gouverné ; après la Libération et jusqu'à la fin du tripartisme (1947), de 1981 à 1984, après l'accession de Mitterrand à la présidence, et de 1997 à 2002, dans le cadre des gauches plurielles du gouvernement Jospin.

Le tableau diffère en Italie. La parenthèse de la phase parlementaire du fascisme ayant été très rapidement refermée, les partis de gauche durent dès lors très tôt basculer dans la clandestinité. Après la chute du fascisme, la droite a été très largement dominée, jusqu'au début des années 1990 par la Démocratie chrétienne (DC), le Mouvement social italien (MSI), héritier du fascisme, n'ayant jamais réalisé que des scores marginaux. La situation évoluera après le scandale *Tangentopoli* qui vit s'effondrer la DC et redistribuer les cartes de la droite au profit des formations animées par Berlusconi et d'un *aggiornamento* du MSI, se transformant, sous la houlette du successeur d'Almirante, Gianfranco Fini, en mouvement tenant de la droite césariste (*Alleanza nazionale*). À gauche en revanche, et contrairement à la France, le Parti communiste italien (PCI) fut largement hégémonique jusqu'à sa dissolution, en 1991, lors de son dernier congrès, à Rimini, ainsi qu'il a été dit dans l'introduction de cet ouvrage. Le Parti socialiste italien (PSI), même durant sa période la plus faste, c'est-à-dire sous Bettino Craxi au début des années 1980, ne dépassa jamais son rival communiste. Il faut dire que les tenants d'une union des gauches à la française étaient minoritaires, le PSI, sauf durant la période du tripartisme, qui s'acheva comme en France en 1947, s'étant refusé à s'associer au PCI. Le pari de François Mitterrand de diminuer l'influence du PCF en l'étouffant dans l'Union de la gauche ne fut jamais tenté en Italie, le PSI n'ayant nul besoin de son rival de gauche pour gouverner, la DC lui offrant de nombreuses fois une alliance conjoncturelle lui permettant, malgré sa faible influence électorale, de gouverner, y compris aux plus hauts postes (Bettino Craxi, son principal responsable, put ainsi rester quasiment quatre ans président du Conseil, record que ne battit, qu'à la fin des années 1990 Silvio Berlusconi qui demeura au pouvoir, de façon certes discontinue, neuf ans).

On pourrait alors affirmer que la composante réformiste de la gauche italienne était de fait, réduite à la portion congrue. C'est peut-être croire alors que le PCI n'aurait pas su opérer, vraisemblablement malgré lui, la synthèse dialectique des deux tendances, réformiste et révolutionnaire, et que ce dessein, qu'une ruse de l'histoire des gauches italiennes sembla lui assigner tout en le lui dissimulant, devait durablement l'affecter, jusqu'à provoquer sa dissolution, soit son suicide politique, que rien, pourtant, ne semblait annoncer. C'est peut-être aussi oublier qu'une partie de la Démocratie chrétienne pouvait, selon les canons rapidement esquissés plus haut, se trouver, à son insu, dans les rangs de la gauche réformiste ou, pour reprendre l'une des catégories de Jacques Julliard, de la gauche libérale (au sens, bien sûr, strictement économique du terme). Comme si, dans le pays du « crispisme » ou transformisme politique, les repères gauche/droite hérités de la Révolution française, par trop cartésiens, étaient dilués, donnant à la scène politique italienne un goût impressionniste, que le classicisme français aurait du mal à faire sien. Pourtant, ce voile de l'Artiste de l'histoire italienne sembla se révéler progressivement durant la décennie 1990, faisant confluer l'ensemble des gauches en un destin unique, certains pensant qu'il signait le déclin, fût-il provisoire, d'une espérance (que l'on ne devrait cependant en aucun cas confondre avec le passé d'une illusion, trop dogmatiquement évoquée par

François Furet[4]) et l'aveu de la capitulation de l'invention progressiste en politique.

L'histoire des gauches italiennes commença bien différemment de celle des gauches françaises. On le sait, les partisans de la création d'un nouveau parti (motion Cachin-Frossard), ultérieurement dénommé communiste (à l'origine SFIC pour section française de l'Internationale communiste), furent majoritaires au congrès de Tours, les autoproclamés gardiens de la « vieille maison » (expression fameuse de Léon Blum) étant rejetés dans la minorité, fondatrice de la SFIO (Section française de l'internationale ouvrière, ancêtre du Parti socialiste). À l'inverse, les tenants de la scission communiste, emmenés par Amadeo Bordiga et Antonio Gramsci, furent minoritaires au congrès de Livourne, en janvier 1921. Mais ce rapport de force initial n'eut finalement que peu d'incidences, les partis progressistes devant, on l'a indiqué plus haut, basculer dans la clandestinité après la fin de la parenthèse parlementariste du fascisme (la phase dite corporatiste du fascisme commençant dès 1925), consécutive à l'assassinat d'un député socialiste en 1924, Matteotti, par les sbires du *Duce*. Dès la Libération, le PCI supplantait largement le PSI, faisant quasiment jeu égal avec la DC. De sorte que l'histoire italienne de l'après-guerre est celle d'un bipartisme de fait entre la DC et le PCI, tempéré par un multipartisme institutionnel favorisé par la proportionnelle, en vigueur dans les deux assemblées (ce qui n'est pas sans importance, le bicamérisme italien étant l'un des rares complètement égalitaires). La très forte influence électorale communiste ne s'explique pas seulement par son rôle majeur dans la résistance. L'Italie était littéralement dévastée après-guerre, bien plus que la France. Des millions de personnes étaient jetées dans la misère, et la division sociale du pays existant depuis le *Risorgimento* entre un Nord industriel et un Sud, ou *Mezzogiorno*, essentiellement rural, était largement accentuée. Ce déclassement social induit par la tragédie de la guerre constituait un terreau propice au discours de la lutte des classes, véhiculé par le PCI. On doit mentionner que l'électorat

[4] F. FURET, *Le passé d'une illusion*, Paris, Calmann-Lévy - Robert Laffont, 1995.

communiste n'était pas géographiquement homogène, les bastions traditionnels du PCI se trouvant dans le nord industriel, ce qui, somme toute, est logique en raison de la culture ouvriériste des mouvements révolutionnaires. Les électeurs du *Mezzogiorno*, pourtant plus défavorisés que leurs compatriotes septentrionaux, accordaient plus volontiers leurs suffrages à la DC. L'explication, schématique, mais éprouvée, en est simple. L'économie du sud de l'Italie est longtemps demeurée essentiellement rurale. Par ailleurs, l'influence de l'Église y était (y demeure d'ailleurs) largement plus prégnante. Beaucoup affirment enfin, sans qu'une preuve définitive ait pu être clairement rapportée, que les multiples Maffias innervant ces régions méridionales appelaient leurs affidés à voter massivement pour la DC, en échange de menus arrangements en forme d'intérêts bien compris de la part du sommet de l'État. Il est vrai que les *capimaffiosi*, adeptes d'une forme fort singulière d'entreprises individuelles et d'économie libérale, n'avaient aucun intérêt à ce que les leaders communistes endoctrinent leurs gens…

L'histoire politique de l'Italie, de la Libération aux années 1990, se résuma donc en un affrontement, en vérité inégal, entre DC et PCI. Inégal tout d'abord parce que les forces politiques non communistes, de gauche comme de droite, mais dominées par les démocrates-chrétiens, se sont toujours entendues depuis 1947 et surtout 1956 (c'est-à-dire après la répression soviétique du soulèvement hongrois, comme on le verra plus après) pour exclure le PCI du gouvernement, si l'on excepte la parenthèse du compromis historique, théorisée par Enrico Berlinguer, secrétaire général du parti, et acceptée par Aldo Moro, leader de la DC. Mais, on le sait, l'entrée des communistes au Gouvernement n'eut en fait jamais lieu, l'assassinat d'Aldo Moro par les Brigades Rouges et l'hostilité des chrétiens-démocrates Andreotti et Cossiga (ce dernier pourtant apparenté à Berlinguer) douchant définitivement les espoirs d'un rapprochement entre chrétiens sociaux (ou aile gauche de la DC) et communistes[5]. Inégal ensuite, parce que les

[5] On s'attardera dans un autre chapitre sur ce rapprochement impossible à l'occasion d'un portrait consacré à Berlusconi.

États-Unis ne pouvaient tolérer que leur allié italien, qui leur fournissait plusieurs bases de l'OTAN, pût accepter que le PCI participe, même modestement, à la conduite du pays, précisément parce qu'il était le parti communiste occidental le plus puissant, toujours allié, quoiqu'avec une liberté critique allant croissant à partir des années 1960, avec le « parti frère » soviétique. Cette *conventio ad excludendum* est, peut-être, mais non exclusivement, l'un des facteurs explicatifs de la mue du PCI en parti social-démocrate, au début des années 1990.

Il apparaît pourtant difficile de comprendre comment un parti, porté par des centaines de milliers d'adhérents et par des millions d'électeurs, gouvernant de grandes villes et, depuis les années 1970 nombre d'exécutifs régionaux[6], forme transalpine de ce « communisme municipal » français[7], soutenu par une grande partie de l'intelligentsia culturelle, a pu, volontairement, se saborder.

On présente souvent le PCI comme le moins dogmatique, le plus ouvert, le plus démocratique, en un mot le moins stalinien des partis communistes occidentaux. Cette analyse doit être affinée. Dans un premier temps, le PCI n'avait qu'une autonomie toute relative à l'égard du Komintern (ou IIIe Internationale) puis du Kominform, qui n'étaient autres que les courroies de transmission de Staline à l'égard de partis qui, sous l'appellation trompeuse de « frères », étaient en réalité littéralement inféodés au Parti communiste de l'Union soviétique. L'organisation du Kominform est dissoute en avril 1956, sous l'effet de la déstalinisation lancée par Nikita Khrouchtchev lors du XXe Congrès du PCUS qui dénonça, dans son rapport secret, les crimes de Staline[8]. C'est alors que le PCI commença de se

---

[6] Les Régions, pourtant prévues par la Constitution italienne de 1946, ne furent en effet mises en place qu'à partir de la décennie 1970, la mise en œuvre de la disposition y afférente ayant sans cesse été reportée en raison de considérations purement politiciennes, la DC s'inquiétant de l'émergence d'exécutifs locaux concurrentiels, dans un Etat dont la forme est régionale.

[7] Analysé comme une politique sociale de proximité s'appuyant sur les équipements collectifs et privilégiant, pour réduire les inégalités, l'école, la culture et le sport. Voir par exemple la contribution de Julian MESCHI, in H. Hatzfeld, J. Meschi et H. Rey (dir.), *Dictionnaire de la gauche*, Paris, Larousse, 2007.

[8] Cf. R. MARTELLI (dir.), *Le choc du XXe Congrès du PCUS*, textes et documents, Paris, Éditions sociales, 1982.

détacher progressivement du modèle soviétique, contrairement au PCF, qui se montra sceptique quant à la déstalinisation, comme en témoigne l'expression du journal *L'Humanité* sur le « rapport *attribué* au camarade Khrouchtchev » (c'est nous qui soulignons). Si Palmiro Togliatti, le secrétaire général du PCI, ne critiqua pas la répression de l'insurrection en Hongrie en novembre 1956 par les chars de l'armée rouge, l'enterrement qui en résulta de l'éphémère pacte d'unité d'action entre le PSI de Pietro Nenni et le PCI d'une part, la montée de la contestation interne d'autre part, achevèrent la direction de prendre en partie ses distances avec le modèle soviétique. Togliatti théorisa alors la doctrine du « polycentrisme », visant à la proclamation d'un « chemin national vers le socialisme », qui n'eut l'heur de plaire au PCUS, anticipant par ailleurs, en partie, le modèle de l'eurocommunisme des années 1970. L'écrasement du Printemps de Prague, en 1968, fut en revanche clairement critiqué par le PCI qui alla plus loin que son homologue français puisque, si le PCF désapprouva lui aussi le coup de force soviétique, il ne condamna jamais, à l'inverse du PCI d'Enrico Berlinguer, la « normalisation » qui s'ensuivit. Dès lors, l'action du PCI, toujours influencé par les événements extérieurs, s'orienta dans deux directions en réalité convergentes : la consolidation d'une émancipation claire vis-à-vis de l'Union soviétique, empruntant, pour le guider, le chemin de l'eurocommunisme esquissé par le secrétaire général du Parti communiste espagnol, Santiago Carrillo[9] d'une part, le rapprochement, apparemment contre nature, avec la Démocratie chrétienne d'autre part.

Le compromis historique proposé par Berlinguer à la DC résultait en effet d'une préoccupation majeure, éviter un coup d'État à la chilienne (11 septembre 1973) organisé en sous-main par les États-Unis, alors même que les années noires, baptisées de plomb, s'abattaient sur l'Italie, depuis l'attentat sanglant de *Piazza fontana* à Milan, en 1969. À cette stratégie de la tension, visant à la perpétuation de massacres de masse de la part de mouvances d'extrêmes droites, répondit une radicalisation post-soixante-huitarde d'une frange de la gauche radicale, basculant,

---

[9] S. CARRILLO, *Eurocommunisme et État*, Paris, Flammarion, 1977

elle aussi vers l'extrême, et perpétrant des attentats ciblés contre des dirigeants économiques puis politiques. Le chaos qui s'abattait sur la péninsule convainquit Berlinguer, à l'occasion d'une analyse des événements chiliens dans la revue *Rinascita*, de proposer une alliance politique avec la DC, seule à même de faire accéder le PCI aux fonctions gouvernementales dont il était privé depuis 1947. L'assassinat d'Aldo Moro en 1978, s'il n'empêcha pas le PCI de soutenir, quelque temps encore, des gouvernements de « solidarité nationale », lui ferma néanmoins définitivement les portes du *Palazzo Chigi* (siège de la présidence du conseil) et des autres palais nationaux de l'exécutif, que seul Aldo Moro, à l'inverse des autres figures de la Démocratie chrétienne, voulait sincèrement ouvrir. On a beaucoup spéculé sur l'assassinat de Moro, invoquant une possible manipulation à leur insu des Brigades Rouges par les mouvances d'extrême droite, la loge P2, les services secrets italiens ou le réseau Gladio. L'un de ses responsables s'en défend fermement dans un livre entretien[10]. Pourtant, nombre d'éléments trouvés durant l'enquête apparaissent fort troublants. Rien n'a pourtant été formellement prouvé. Mais on peut s'interroger sur la « cible » Moro de la part des brigadistes, seule figure authentiquement sociale et prête au compromis avec les communistes. Comme s'il s'agissait précisément de supprimer l'une des pièces essentielles du binôme qu'il constituait avec Berlinguer pour faire capoter ce rapprochement. L'Histoire ou, plus précisément ce qu'on en connaît aujourd'hui, n'a pas révélé cette part de mystère, la version officielle étant une action isolée à la seule initiative des brigadistes[11]. Notons la part de

---

[10] M. MORETTI (en collaboration avec C. MOSCA et R. ROSSANDA), *Brigate rosse, une histoire italienne*, Paris, éd. Amsterdam, 2010.

[11] Version largement démentie par deux documents récents : un livre d'un historien et sénateur de gauche, qui révèle que le « mémorial », d'Aldo Moro, contenant les lettres qu'il envoya à sa famille et surtout aux hauts dirigeants de la DC, est en fait incomplet, des pièces originales ayant été expurgées (Miguel Gotor, *Il memoriale della Repubblica, Gli scritti di Aldo Moro dalla prigionia e l'anatomia del potere italiano*, Roma, Einaudi, 2011), un documentaire, qui soutient, avec des arguments très convaincants, la thèse de la manipulation par les services secrets italiens des brigadistes (*Sequestro Moro, sentenza di Morte*, de Franco FRACASSI, DVD, 2011). Lire aussi le livre entretien du juge ayant dirigé le procès des brigadistes : F. Imposimato, S. Provvisionato, *Doveva*

symbolique tragique dans la découverte du corps d'Aldo Moro, dans le coffre d'une 4L, garée Via Caetani à Rome, à mi-chemin des sièges du PCI et de la DC…

L'expérience des gouvernements de solidarité nationale ne devait pas durer au-delà de 1979. Elle visait à lutter contre les différentes formes d'extrémisme terroriste, de droite comme de gauche, le PCI donnant sa confiance à des gouvernements dominés par le DC, malgré l'assassinat de Moro et bien qu'aucun ministre communiste ne fût appelé à participer à l'exécutif. Dès lors, la mort symbolique du compromis historique ne survécut que peu, un an, à l'assassinat du chef démocrate-chrétien.

Le choix d'inscrire ses pas dans le sillage de Santiago Carrillo, inventeur de la notion d'eurocommunisme, participe en fait, de la part de Berlinguer, d'une démarche convergente à la stratégie du compromis historique. L'Eurocommunisme incluait une dénonciation sans ambages non du socialisme, mais du socialisme dit réel, prenant la forme d'une analyse sévère du régime de l'Union soviétique et de ses affidés des démocraties populaires de l'Europe orientale, à travers la condamnation du goulag, de la dictature, de l'absence de libertés formelles (pluralisme, liberté d'expression, droits de la défense, dans des pays où les internements abusifs et l'instrumentalisation de la psychiatrie contre les opposants politiques étaient fréquents). Cette critique radicale manifestait une double intention : il s'agissait en effet non seulement de proposer une redéfinition du socialisme (Berlinguer revendiquant en 1976, devant les délégués du XXVe congrès du PCUS un « système pluraliste » de socialisme), mais d'asseoir aussi, en interne, la légitimité d'un parti authentiquement démocratique, pouvant participer à l'exercice du pouvoir. Las, la convergence des PCI, PCE et PCF fit long feu, le parti français rompant en 1977 l'Union de la gauche et se réorientant vers le modèle soviétique (approuvant notamment, deux ans plus tard, l'invasion de l'Afghanistan par l'URSS).

La fin des expériences du compromis historique et de l'eurocommunisme devait rejeter définitivement le PCI dans

---

morire. Chi ha ucciso Aldo Moro. Il giudice dell'inchiesta racconta, Roma, Chiarelettere, 2009.

l'opposition. La DC, de son côté, endigua son ancien et éphémère partenaire en renonçant (en apparence seulement, car il maintenait certaines de ses figures les plus emblématiques, comme Andreotti, à des postes clefs de l'exécutif) à endosser la tête de la présidence du conseil, pour favoriser l'expérience de gouvernements multipartites, pour la première fois dirigés par un socialiste, Bettino Craxi. Ce dernier profita de son expérience gouvernementale pour imposer au PSI une réorientation sociale-démocrate, voire sociale-libérale, qui exacerba les tensions avec le PCI.

La crise des deux gauches atteint son paroxysme lors de la révision de l'échelle mobile des salaires, c'est-à-dire de leur indexation à l'inflation. Le gouvernement Craxi prit un décret (ultérieurement converti en loi), ironiquement appelé décret de la Saint-Valentin (14 février 1984). Il entérinait ainsi un accord entre partenaires sociaux (principalement la Cofindustria, c'est-à-dire le patronat italien, et la CISL, confédération italienne des syndicats de travailleurs, d'inspiration catholique, que l'on pourrait apparenter à la CFDT), qui n'avait pas été signé par la CGIL (Confédération générale italienne du travail, syndicat proche du PCI). Il s'agissait d'abaisser de 4 % l'indexation des salaires à l'inflation. Cette désindexation partielle, prélude à une abrogation ultérieure définitive de l'échelle mobile par Giuliano Amato en 1992, président du conseil également socialiste, fut vivement dénoncée par Berlinguer, qui déclencha une récolte de signatures visant à organiser un référendum abrogatif de cette réforme. L'enjeu était clair. Il s'agissait non seulement de défendre les salariés, victimes expiatoires d'un discours vantant le credo libéral de la compétitivité, et de dénoncer la posture craxienne, qui, aux yeux du dirigeant communiste, trahissait ouvertement non seulement les idéaux de la gauche, mais aussi les intérêts des travailleurs italiens[12]. Réunir les

[12] Massimo D'Alema décrit dans un livre remarquable les enjeux du combat entre Berlinguer et Craxi. A l'occasion d'un voyage en Union soviétique, où une délégation du PCI avait été dépêchée pour les obsèques d'Andropov, D'Alema, alors jeune cadre du PCI, assista à cette ultime rencontre entre Berlinguer et les dirigeants soviétiques, où le dirigeant du PCI fit part à son protégé des amères désillusions que le triste spectacle de la succession au sommet du pouvoir soviétique lui inspirait. Mais Berlinguer était également préoccupé par

500 000 signatures requises ne fut qu'une formalité. Le référendum devait avoir lieu en juin 1985. Une autre échéance électorale attendait tout d'abord le PCI. Les élections européennes du 17 juin 1984 virent le triomphe du PCI, endeuillé par la disparition tragique de Berlinguer, victime d'une hémorragie en plein meeting électoral le 7 juin (durant un discours retransmis en direct à la télévision[13]), qui l'emporta le 11. Le Parti communiste obtint son maximum historique, devançant pour la première et dernière fois la DC (33,33 % contre 32,96 %) et écrasant le PSI de Craxi (11,21 %). Il ne s'agissait pourtant, pour le défunt Berlinguer, que d'une victoire à la Pyrrhus. Le référendum sur la désindexation partielle de l'échelle mobile des salaires organisé les 9 et 10 juin 1985, marqua en effet sa défaite posthume. Une participation élevée (77,9 %) ne permit cependant pas une mobilisation suffisante, les partisans de l'abrogation ne réunissant que 45,7 % des suffrages contre 54,3 % des partisans de la réforme.

Le PCI, quoiqu'en recul, garda un poids électoral conséquent. En 1987, soit lors des dernières élections à la Chambre des députés et au Sénat auxquelles participa le PCI en tant que tel, c'est-à-dire avant sa mutation opérée au congrès de Rimini, il obtint 28,33 % des suffrages au Sénat et 26,57 % à la Chambre des députés. Recul relatif en regard des élections de la législature précédente en 1983, avec une perte de 3,37 % des suffrages à la Chambre et de 2,48 points au Sénat. Rien ne semblait donc présager la disparition d'une force politique si influente.

Un autre événement tragique va pourtant peser d'un poids certain sur l'orientation du PCI. Le 30 avril 1988, Alessandro Natta, successeur d'Enrico Berlinguer à la tête du parti, est lui-même frappé d'un infarctus alors qu'il participait, tout comme son prédécesseur, à un meeting électoral. Sa charge de secrétaire

---

la situation politique italienne et par cet ultime combat qu'il était en train de livrer pour les élections européennes et surtout pour la mobilisation contre le décret de la Saint Valentin, c'est-à-dire contre Craxi. D'Alema explique dans que le « forcing » auquel se livra Craxi constituait une rupture définitive à gauche qui contribua de façon significative à pousser le PCI au conflit ouvert. M. D'ALEMA, *A Mosca l'ultima volta, Berlinguer e il 1984*, Roma, Donzelli editore, 2004, notamment pp. 96-106.

[13] http://www.youtube.com/watch?v=4zDR8hog3S8.

général sera confiée à un membre de la nouvelle génération, Achille Occhetto. Natta critiquera cette désignation, dans une lettre amère à la direction[14]. C'est principalement Occhetto qui est à l'origine de la mutation interne du PCI. À l'occasion d'un discours prononcé le 12 novembre 1989 à Bologne devant des résistants, il affirme qu'« il est nécessaire d'éviter de continuer à emprunter d'anciennes routes, pour en inventer d'autres afin d'unifier les forces progressistes ». À une question relative à un éventuel changement de nom du parti, Occhetto répondit, laconique que « cela laisse tout présager ». Cet événement, connu en Italie sous le nom de *svolta della Bolognina*, amènera le 3 février 1991 à la dissolution du PCI. Ce tournant est à l'initiative d'Occhetto seul, puisqu'aucune des instances du parti ne fut consultée. La question du changement de nom, et de l'abandon de l'épithète communiste, n'est bien évidemment pas neutre. Elle a par ailleurs fait l'objet de multiples débats depuis le début des années 1980.

Derrière ce changement de vocable, c'est une mutation politique profonde qui s'annonce, tant sur la question programmatique que sur celle des alliances politiques à venir. Notons que le discours d'Occhetto à Bologne où il opère, seul, ce virage ou tournant (*svolta*) est prononcé le 12 novembre 1989 ; la chute du mur de Berlin a eu lieu dans la nuit du 9 au 10 novembre. Le rapprochement de ces dates n'est évidemment pas fortuit. Certes, il s'agissait symboliquement, pour le dernier secrétaire général du PCI, de se dissocier définitivement des expériences socialistes de l'Est et d'affirmer que son parti n'en était aucunement comptable, mais surtout de s'appuyer opportunément sur l'Histoire en marche pour précipiter celle de sa formation politique. Ce travail de repositionnement avait été pourtant été déjà largement effectué, ainsi que nous l'avons expliqué, tout d'abord avec Togliatti, après 1956, puis surtout

[14] « Camarades, vous ne vous êtes pas comportés loyalement. Il y avait un véritable remue-ménage devant la chambre d'hôpital. Ce que vous avez fait a été un affront, qui n'était en rien nécessaire. » Natta voulait expliquer qu'il était conscient, avant son accident cardiaque, qu'il lui fallait passer la main. Mais il se défiait de cette génération de quadragénaires qui mit à profit son état de santé pour précipitamment organiser la succession. http://candidonews.wordpress.com/2012/10/18/quando-dalema-rottamo-natta-e-occhetto-da-pubblico.

avec Berlinguer. La question du changement de nom cache celle du changement de références théoriques et idéologiques. Berlinguer, dans un discours de clôture prononcé à la fête de *l'Unità*, à Gênes, le 3 juin 1979, avait répondu, comme par anticipation, à son successeur : « Nos adversaires prétendent que nous devrions jeter aux orties non seulement les riches leçons de Marx et de Lénine, mais aussi les innovations intellectuelles et politiques d'Antonio Gramsci et Palmiro Togliatti. Puis, peu à peu, nous devrions proclamer que toute notre histoire, qui a aussi ses parts d'ombre, a été une succession d'erreurs. »[15] Le politique sarde entendait ainsi expliquer que si son parti avait toujours, depuis sa création en 1921, voulu adapter sa culture politique à son temps, notamment à travers l'œuvre théorique de Gramsci dans ses *Cahiers de prison*, il s'était toujours refusé au contraire du SPD allemand en 1959, à faire son *Bad Godesberg*, c'est-à-dire à se détacher des références idéologiques qui marquaient sa spécificité à gauche, c'est-à-dire à renoncer, aussi et surtout, à son programme de transformation politique et sociale, à son refus du capitalisme, en tant que mode de production intrinsèquement générateur d'inégalités. Le débat sera relancé dans le contexte de la défaite de la bataille référendaire sur l'échelle mobile des salaires, qui avait fortement éprouvé le PCI. Un ancien député communiste, Guido Carandini, publia en 1985 un article retentissant au titre évocateur (*Quella grande illusione*)[16], proposant une mutation radicale du PCI dans le sens du réformisme, passant par une réévaluation des expériences sociales-démocrates et par une transformation du PCI en Parti démocratique du travail fusionnant l'ensemble des forces de gauche. Carandini avançait, en substance, l'idée d'un *Bad Godesberg* à l'italienne, soit un anti-congrès de Livourne. Natta s'y opposa fermement, réaffirmant alors la ligne « continuiste » de Berlinguer, en accord avec une très grande majorité de la base. Un de ses proches, Adalberto Minucci, aura ces mots cruels dans

[15] http://cinquantamila.corriere.it/storyTellerThread.php?threadId=enricoberlinguer.

[16] G. CARANDINI, « Quella grande illusione », *La Reppublica*, 22 août 1985, http://ricerca.repubblica.it/repubblica/archivio/repubblica/1985/08/22/quella-grande-illusione.html.

une contre-tribune : « Vive la modernité ! En avant vers le XIXe siècle[17]. »

La *svolta della Bolognina* est le déclenchement d'un processus irréversible, mené au pas de charge. Pourtant, les communistes sont loin d'être enthousiastes. À l'exception de l'aile droite du parti qui se prononce clairement en faveur d'Occhetto et du rattachement du parti à l'internationale socialiste, la direction demeure prudente, attentiste. Massimo D'Alema, en réponse aux militants exaspérés qui saturaient le standard de *L'Unità*, dont il était alors directeur, écrivait alors : « ce que nous proposons n'est pas la perspective d'une renonciation ou d'une abjuration ». Le comité central est convoqué et décide, après cinq jours de discussions tendues (du 20 au 24 novembre 1989), d'une solution ambiguë. À une majorité assez large, le parlement du parti accepte la proposition d'Occhetto d'initier une phase constituante d'une nouvelle formation politique, tout en avalisant la proposition des opposants visant à convoquer un congrès extraordinaire dans les quatre mois pour décider de la création ou non d'un nouveau parti. Le XIXe et avant-dernier congrès du PCI se tint du 7 au 11 mars 1990 à Bologne. La motion d'Occhetto, proposant d'ouvrir une phase constituante d'un nouveau parti rattaché à l'internationale socialiste, affrontait principalement celle de son prédécesseur Natta et de Pietro Ingrao, figure historique de l'aile gauche du PCI, s'opposant au changement de nom, de symbole et de tradition. La motion du secrétaire général réunit 67 % des suffrages, la motion Natta – Ingrao 30 %. Le dernier congrès du PCI, qui se tint du 31 janvier au 3 février 1991 à Rimini, ne modifia pas fondamentalement les rapports de force. La motion *Per il Partito democratico della Sinistra* d'Occhetto, à laquelle s'était adjoint notamment D'Alema, obtint 67,46 %, la motion hostile à la création d'un nouveau parti, appelée *Rifondazione communista* et menée par Ingrao et Cossuta, réunit 26,77 %. Le 3 février 1991, le PCI acta sa propre dissolution, et porta sur les

[17] A. MINUCCI, « Sì, siamo riformatori ma anche rivoluzionari », *La Repubblica*, 25 août 1985, http://ricerca.repubblica.it/repubblica/archivio/repubblica/1985/08/25/si-siamo-riformatori-ma-anche-rivoluzionari.html.

fronts baptismaux, en même temps que son acte de décès, le Parti démocratique de la gauche (PDS). *Ite missa est…*

Guido Liguori propose une analyse très intéressante, à travers un tableau de ces quelques années ayant précipité la chute de la maison rouge, de cette succession d'événements conduisant au tour de force de faire disparaître un parti que ni le fascisme, ni la guerre froide, ni l'hostilité farouche des autres mouvements politiques italiens n'avaient réussi[18]. Il démontre que le sort du PCI n'était pas scellé. Il rappelle qu'il comptait 1,5 million d'adhérents et que, malgré l'échec relatif des élections législatives et sénatoriales de 1987, il n'était, dans aucune région, tombé sous la barre des 25 %, score que ni le PDS, ni les formations qui lui succéderont (*Démocrates de gauche*, *Parti démocrate puis Démocrates*) n'atteindront ensuite. L'attachement, par ailleurs, à l'appellation communiste demeurait extrêmement fort, non seulement parmi les militants, mais aussi parmi les sympathisants et électeurs du PCI. Le poids symbolique du qualificatif communiste n'était pas entaché par les régimes de l'ancien bloc de l'Est, que les dirigeants du parti avaient, à de nombreuses reprises, clairement condamnés, au nom précisément d'une acception démocratique du socialisme. L'auteur ne fait pas l'erreur de désigner comme seul responsable Occhetto, quoique la question du changement de nom devînt pour lui affaire personnelle, quasi obsessionnelle, selon ses propres dires (p. 183). Guidori révèle que le discours de la *Bolognina* du 12 novembre 1989 n'avait aucunement été discuté par la direction, les membres de la direction, de l'aile droite (comme Napolitano, qui deviendra président de la République de 2006 à 2015) ou de la sensibilité de gauche (notamment Ingrao), n'ayant pris connaissance du projet d'Occhetto qu'au lendemain de son discours. Les raisons de cette précipitation relèvent de deux facteurs, interne et externe. Il semble évident que la chute du mur et l'effondrement programmé du « socialisme réel » créaient un cadre idéologique propice à une telle mutation du parti. En interne, Guidori pointe la contradiction entre « un groupe dirigeant restreint qui n'est plus communiste, à la tête

[18] G. LIGUORI, *Qui a tué le Parti communiste italien*, Paris, Éditions Delga, 2011.

d'un parti formé de dirigeants et de militants qui, dans leur immense majorité, se considèrent communistes de nom et de fait » (p. 183). Le légitimisme (pour ne pas dire suivisme) des militants communistes est aussi avancé comme facteur explicatif, à laquelle s'ajoute une foi dans l'unité du parti, qui a primé toute autre considération. Nous faisons également nôtre le constat selon lequel « la dramatique faiblesse de la gauche italienne est due précisément à la fin du PCI, à la mort de cette tradition culturelle et politique et de cette communauté différente des femmes et d'hommes qui pendant plusieurs décennies avaient représenté une grande ressource démocratique pour l'Italie ». « La fin du parti », explique encore ce philosophe spécialiste de Gramsci, « aura été également la fin de la participation politique de masse, non pas épisodique ou mouvementiste, dans la société italienne, et il ne reste rien de semblable chez les héritiers du PCI. Un immense patrimoine politique, historique, humain s'est ainsi perdu » (p. 342). Il est vrai que le parti héritier du PCI s'est dilué dans une formation politique hétérogène, faisant confluer en son sein des éléments disparates, dont certains issus de l'ancienne DC, de sorte que *I Democratici* ne peuvent pas même être assimilés à un parti social-démocrate classique, représentant, dans une optique réformiste, les intérêts salariés, mais un conglomérat, un cartel électoral interclassiste défendant principalement, sinon exclusivement, les intérêts des classes moyennes voire des classes supérieures « éclairées », parce que confusément progressistes. On peut aussi ajouter que l'affaiblissement du PCI est aussi un affaiblissement théorique, en ce sens que ce groupe dirigeant restreint évoqué par Liguori semble s'être converti à l'idéologie de la fin de l'Histoire[19], c'est-à-dire précisément de la fin des idéologies, et au pragmatisme visant à la réforme et non à la transformation du système de production économique. Il ne faut pas non plus omettre que cette transformation s'est déroulée dans le sillage d'une victoire politique spectaculaire, dans les années 1980, du libéralisme économique, à travers la déréglementation généralisée initiée par Margaret Thatcher et Ronald Reagan. La conversion, tout aussi

[19] F. FUKUYAMA, *La fin de l'Histoire et le dernier homme*, Paris, Flammarion, 1992.

spectaculaire, du PSI de Craxi au « réalisme » économique (à l'instar de François Mitterrand en 1983), à travers la réforme de l'échelle mobile des salaires a mis une pression inédite sur le PCI qui, parce qu'il perdit la bataille référendaire de 1985, en vint à remettre en cause sa culture politique. Le centre de l'appareil dirigeant, animé depuis 1987 par Occhetto et l'aile droite ou « miglioriste » de Napolitano, ne fut que le réceptacle de ces doutes, qui se révélèrent compter parmi les principaux facteurs d'implosion. La voie révolutionnaire choisie par le PCI ne signifiait pourtant plus, depuis longtemps, la prise du palais d'Hiver. Gramsci l'envisageait comme un processus, non comme un raptus. Togliatti proposait des « réformes de structures » dans les champs économiques et sociaux, permettant, par la succession de changements partiels, d'agglomérer des forces participant de ce processus. La césure entre voie réformiste et voie révolutionnaire avait été donc largement affinée, et c'était l'un des mérites principaux du PCI que de l'avoir initiée. Ce groupe dirigeant restreint évoqué par Liguori, dont on ne peut douter de la culture politique, semble pourtant avoir feint de l'omettre.

Ainsi, ce passé d'une espérance amène à la conclusion provisoire, non amère, mais lucide, que l'aphorisme de Marx peut être réversible : ce ne sont plus les masses qui font l'Histoire, elles la subissent.

LA GAUCHE CONTRE ELLE-MÊME ?

Deux Républiques sont possibles. L'une abattra le drapeau tricolore sous le drapeau rouge, [...] ajoutera à l'auguste devise : Liberté, Égalité, Fraternité, l'option sinistre : ou la Mort ; fera banqueroute, ruinera les riches sans enrichir les pauvres, [...] abolira la propriété et la famille, promènera des têtes sur des piques, [...] fera de la France la patrie des ténèbres, égorgera la liberté, étouffera les arts, décapitera la pensée, niera Dieu [...]. L'autre sera la sainte communion de tous les Français dès à présent, et de tous les peuples un jour, dans le principe démocratique [...]. De ces deux Républiques, celle-ci s'appelle la civilisation, celle-là s'appelle la terreur. Je suis prêt à dévouer ma vie pour établir l'une et empêcher l'autre.
Victor Hugo[1]

Les questions politiques se trouvent si indissolublement liées aux questions sociales, que là où les secondes ne sont pas résolues, il est absolument impossible que les premières le soient.
Louis Blanc[2]

---

[1] Profession de foi électorale, 26 mai 1848, cité par cité par S. HAYAT, *Quand la République était révolutionnaire, citoyenneté et représentation*, Paris, Seuil, 2014, p. 289.

[2] Discours à la séance du 29 avril 1848 de la Commission du gouvernement pour les travailleurs (dite Commission du Luxembourg, en ce qu'elle fut

Dans son ouvrage *L'homme contre lui-même*[3], le philosophe belge d'inspiration thomiste, Marcel De Corte, s'interrogeait sur cette pulsion suicidaire qui poussait l'homme à son propre anéantissement, cette culture de la mort qui a imprégné le XXe siècle. La gauche française, la gauche italienne, plus généralement la gauche européenne seraient-elles irriguées d'une même eau tourbée ? Encore faudrait-il, si l'on se positionnait sur une telle ligne, que l'on se convainquît au préalable qu'il exista, qu'il existe et qu'il existera, en tant que concept, un être abstrait quoique tangible dénommé *La Gauche*. Tel n'est pas notre postulat. *La Gauche* n'est pas un concept, mais une notion, en ce qu'elle est constamment en évolution, précisément parce qu'elle recouvre plusieurs réalités, plusieurs revendications, quelquefois conciliables, mais le plus souvent structurellement contradictoires, ainsi que les citations mises en exergue, toutes issues de la Révolution de 1848, se proposent de l'illustrer. En tant que telle, *La Gauche* ne serait pas de l'ordre de l'être, mais, au mieux, du devoir-être ; elle ne relèverait donc pas du domaine ontique, mais déontique.

Dès lors, si *La Gauche* n'est pas, à supposer qu'elle ne doive qu'au mieux être, la question, délibérément provocatrice, posée par l'intitulé de cet article est trompeuse : seules *les gauches* sont, et peuvent dès lors se fondre sporadiquement, sans se confondre, dans une unité nécessairement éphémère qui fonde le mythe de *La Gauche*. L'histoire *des* gauches n'a en effet jamais été irénique. Les déchirements actuels de leurs composantes française ou italienne[4], par exemple, peuvent certes apparaître problématiques, voire préoccupants, pour leurs électeurs, sympathisants, militants ou responsables. Ils sont néanmoins sans commune mesure avec les pages les plus rouges… de sang, de la chronique des gauches. L'écrasement de l'insurrection

---

symboliquement installée au palais du Luxembourg, anciennement siège de la Chambre des pairs), *in* L. BLANC, *La Révolution de Février au Luxembourg*, Paris, Michel Levy, 1848, p. 148.

[3] M. DE CORTE, L'homme contre lui-même, Paris, Nouvelles Editions Latines, 1962.

[4] Que nous traiterons *infra*, dans le développement *Détour furtif par le temps court*.

populaire parisienne du 23 juin 1848 par les troupes du général Cavaignac quelques mois seulement après la Révolution de février ; la répression méthodique de la Commune de Paris par Adolphe Thiers, qui en organisa le siège depuis Versailles puis son anéantissement lors de la semaine sanglante du 21 au 28 mai 1871 ; la liquidation sommaire des figures les plus emblématiques du spartakisme allemand, Rosa Luxemburg et Karl Liebknecht, sur ordre du premier président de la République de Weimar, le social-démocrate Friedrich Ebert ; l'exécution des marins de Kronstadt en 1921, pourtant fers de lance des Révolutions de 1905 et 1917[5], par les soldats de l'Armée rouge sur ordre du gouvernement bolchevique ; les batailles sanglantes entre communistes et anarchistes pendant la Guerre civile espagnole ; l'envoi en novembre 1948 par Jules Moch, ministre socialiste de l'intérieur du Gouvernement Queuille, de 60 000 CRS et soldats, pour mater les mineurs des charbonnages du Nord[6], qui se solda par six morts et nombre de blessés parmi les grévistes, puis le licenciement de plus de 3 000 mineurs[7],

---

[5] À ce titre honorés par Trotsky en 1917, qui les appela « la valeur et la gloire de la Russie révolutionnaire ».

[6] Mobilisés par la CGT avec l'appui du PCF en raison d'un écart alarmant entre les salaires et les prix.

[7] Reconnus illégaux par la Cour d'appel de Versailles dans son arrêt du 10 mars 2011, qui a cependant fait l'objet d'une cassation partielle et sans renvoi par la chambre sociale de la Cour de cassation dans son arrêt n° 2102 du 9 octobre 2012, vidant la décision d'appel de sa substance : http://www.legifrance.gouv.fr/affichJuriJudi.do?oldAction=rechExpJuriJudi&idTexte=JURITEXT000026486519&fastReqId=433597319&fastPos=1 ; cf. notamment, sur ce dernier arrêt, Ch. RADÉ, « Tempus fugit : épilogue judiciaire dans l'affaire des mineurs des Houillères du Nord », *Lexbase Hebdo, édition sociale*, n° 503 du 25 octobre 2012.
Devant une telle décision, le législateur fut placé face à ses responsabilités. En effet, lors de la discussion sur le projet de loi de finances 2015, le garde des Sceaux, Christine Taubira a présenté devant l'Assemblée nationale un amendement qu'elle a défendu en ces termes : « Ce que nous proposons aujourd'hui, c'est en premier lieu d'inscrire dans la loi le caractère discriminatoire et abusif des actes commis à l'encontre de ces mineurs. C'est un acte symbolique : la reconnaissance de l'injustice commise par la force publique, c'est-à-dire par la puissance publique, à leur encontre. L'amendement tend en outre à octroyer aux personnes concernées […] ou, en cas de décès, à leurs ayants droit, une allocation forfaitaire de 30 000 €. » L'amendement a été adopté (amendement n° 203 rectifié, lors de la première séance du 28 octobre

l'emprisonnement d'autres… Ce recensement, tant fastidieux que morbide, n'est hélas pas exhaustif… Alors si *La Gauche* existe, disons qu'elle a pour ancêtre direct Cain !

Pourtant, pourrait-on rétorquer, il y eut par exemple en France, le Cartel des gauches[8] de 1924 à 1926, le Front populaire de 1936[9] puis, de 1945 à 1947, le tripartisme[10], l'accession en 1981 à la présidence de la République de François Mitterrand,

---

2014 de la chambre basse) : http://www.assemblee-nationale.fr/14/cri/2014-2015/20150037.asp. Il est contenu dans l'article 100 de la loi n° 2014-1654 du 29 décembre 2014 de finances pour 2015 (http://www.legifrance.gouv.fr/affichTexte.do?cidTexte=JORFTEXT000029988857&categorieL ien=id).

[8] En fait, une simple alliance électorale entre radicaux et socialistes, la SFIO refusant de participer au gouvernement Herriot, qu'elle soutint néanmoins au Parlement. L'expérience se conclut en définitive par un véritable fiasco, le président du Conseil s'obstinant dans une orthodoxie économique de combat effréné contre l'inflation, quand on le conjurait d'y renoncer, validant ainsi une politique déflationniste désastreuse, alors même qu'il stigmatisait, dans une formule demeurée célèbre, « le mur de l'argent ». Cf. J.-N. JEANNENEY, *Leçon d'histoire pour un gauche au pouvoir, la faillite du Cartel (1924-1926)*, Paris, Fayard, 1977.

[9] Issu d'une alliance inédite entre radicaux, socialistes et communistes, ces derniers n'entrant pas dans le gouvernement Blum (qui fit d'ailleurs long feu, de juin 1936 à juin 1937), le PCF l'assurant cependant de son « soutien sans participation ».

[10] Associant la SFIO, le PCF et les démocrates-chrétiens du MRP (Mouvement républicain populaire) au gouvernement. La même expérience eut lieu, durant les mêmes années, en Italie.

Mais, pour des raisons similaires, c'est-à-dire le lancement du plan Marshall d'une part, (cf. le discours de Georges Marshall, [http://www.cvce.eu/obj/discours_de_george_marshall_harvard_5_juin_1947-fr-dc2f8c43-4269-48c8-ab58-2ef075080e6c.html], secrétaire d'État du Président Truman, tenu le 5 juin 1947 à l'Université d'Harvard, détaillant l'*European Recovery Program* – dont la philosophie générale était déjà contenue dans les accords Blum-Byrnes – ce dernier étant le prédécesseur de Marshall au poste de secrétaire d'Etat) et l'hostilité affichée des américains à la participation gouvernementale des communistes dans deux pays membres de l'OTAN d'autre part, les ministres, italiens et français, furent évincés en 1947. Ces derniers ne participèrent plus à un quelconque gouvernement jusqu'en 1981. Quant aux communistes italiens, ils ne furent plus jamais en responsabilité au plan national.

Voir, pour la France, Ph. BUTON « L'éviction des ministres communistes », *in* S. BERNSTEIN, P. MILZA (dir.), *L'année 1947*, Paris, Presses de Sciences Po, 1999, chap. XV. Pour l'Italie, cf. notamment G. BIBES, M. LAZAR, « Italie - La vie politique depuis 1945 », *Encyclopædia Universalis* [en ligne, sur abonnement], http://www.universalis.fr/encyclopedie/italie-la-vie-politique-depuis-1945/, pp. 3- 6 du fichier PDF.

qui convint[11] de faire entrer dans le Gouvernement Mauroy quatre ministres communistes, la troisième cohabitation où Lionel Jospin, Premier ministre, composa un gouvernement de « gauche plurielle », de 1997 à 2002[12]. Il y eut les avancées sociales, les deux, quatre, puis cinq semaines de congés payés, les 40 heures de travail hebdomadaires, réduites à 39 puis 35, la sécurité sociale, l'entrée des syndicats dans l'organigramme des entreprises, les lois Auroux, le statut de la fonction publique, le RMI, la CMU, il y eut l'abolition de la peine de mort, la décentralisation, le PACS (qui ouvrait logiquement la voie, en 2013, au mariage homosexuel), la parité… Alors, dira-t-on, ces gauches ne seraient plus désormais fratricides puisqu'elles savent se retrouver sur ces réformes sociales et sociétales ! Voire… Mais admettons… provisoirement. Pourtant ces dates, aussi cruciales fussent-elles, n'invalident pas le postulat. Tout au contraire, elles nourrissent le mythe[13] de l'unité de *La Gauche* dont se revendiquerait l'insaisissable « peuple de gauche ».

Quelles sont alors les raisons d'un tel fratricide, qu'il fût patent ou qu'il demeure symbolique ? Opérons un détour furtif par le temps présent pour effectuer ensuite un retour nécessaire sur un passé prégnant, aux fins d'éprouver le postulat liminaire.

---

[11] Malgré la rupture, en 1977, du programme commun signé entre socialistes, communistes et radicaux de gauche cinq ans auparavant.

[12] Associant les principales composantes des partis de gauche (PS, PRG — Parti radical de gauche —, PCF, MDC —Mouvement des citoyens — et Verts), à l'exception toutefois des partis trotskystes (LCR — aujourd'hui dénommé NPA — et LO notamment), hostiles à toute « compromission ».

[13] Mythe particulièrement attesté par la persistance de la mémoire du Front populaire. Ainsi que l'exprime Jacques Julliard, « Le Front populaire est dans l'histoire de la gauche un moment exceptionnel, parce qu'il représente l'apogée de la civilisation ouvrière en France […]. La classe ouvrière cesse d'être une abstraction et devient […] pour un court laps de temps […] un organisme vivant, un acteur en chair et en os à l'intérieur de la société française », J. JULLIARD, *Les gauches françaises, 1762-2012*, Paris, Flammarion, Champs histoire (édition poche), 2013, p. 486. Pour un *court laps de temps* insiste l'auteur ! On pourrait ajouter que cet interstice n'a connu aucune réplique. Car l'un des problèmes des gauches est, précisément, la représentation de son électorat.

1. Détour furtif par le temps présent

L'une des vielles revendications du patronat italien, la *Confindustria*, a trouvé oreilles attentives chez le très médiatique président du Conseil, Matteo Renzi, issu du Parti démocrate de centre gauche. La suppression de l'article 18 du statut des travailleurs[14] (loi n° 300 du 20 mai 1970), qui imposait la réintégration d'un salarié abusivement licencié, c'est-à-dire pour motifs illégitimes ou économiquement infondés, est actée. Par la loi n° 183 du 10 décembre 2014, le gouvernement Renzi a obtenu pouvoir de procéder par décrets législatifs pour refondre notamment l'article 18 mentionné plus haut. On en connaît la substance[15] : rendre possible de licencier les salariés sans obligation de réintégration, en cas de licenciements disciplinaires ou économiques injustifiés. Pour les premiers, une protection, en réalité théorique, est apportée, à la condition toutefois que soit démontrée « l'inexistence du fait matériel contesté », ce qui posera inéluctablement le problème de la preuve, dont la charge incombera au demandeur… Dans tous les autres cas, à l'exception des licenciements discriminatoires, le *Jobs Act*[16], « troque » la réintégration du salarié injustement remercié contre une indemnisation indexée à son ancienneté.

Comprenons bien ici que nous sommes plus dans l'ordre du symbolique que de l'économique ; en effet, ainsi qu'il a été justement observé, l'article 18 avait déjà fait l'objet d'un rétrécissement substantiel de son champ d'application par la loi n° 92 du 28 juin 2012 sous le gouvernement Monti[17]. L'impact économique du *Jobs Act*, au moins pour ce qui concerne

---

[14] Cf. L. PENNEC, « La réforme du droit du travail en Italie », *La lettre d'Italie*, n°5, octobre 2014, pp. 26-27.
[15] http://www.leggioggi.it/2015/03/02/jobs-act-addio-art-18-in-vigore-contrat to-tutele-crescenti.
[16] Au passage, que l'on note l'utilisation plus que fréquente, depuis… Berlusconi, de la novlangue italienne dévoyant la langue de Shakespeare, à des fins économiques à forte prégnance néolibérale, sous l'influence évidente au Royaume-Uni (depuis Thatcher, immortelle auteure de l'impayable formule – si l'on permet la trivialité de l'expression, au regard de l'indigence du propos – « *There is no alternative* », dite « *TINA* ») et aux États-Unis (depuis Reagan) des théories de Hayek et Friedman !
[17] L. PENNEC, *ibid.*

l'article 18 sera, au mieux, insignifiant. Mais ne faut-il pas susciter la confiance, ne doit-on pas insuffler un souffle nouveau, un vent de modernisme bousculant les archaïsmes ? Cette vieille antienne, cache-sexe aussi commode qu'éculé, François Hollande, Manuel Valls et leur ministre de l'économie d'alors, Emmanuel Macron, y eurent également recours pour faire passer en première lecture et finalement au forceps (utilisation, le 17 février 2015, de l'article 49 alinéa 3[18]) le projet de loi « pour la croissance, l'activité et l'égalité des chances économiques » à l'Assemblée nationale.

Le parallèle n'est évidemment pas fortuit. Matteo Renzi s'est refusé au dialogue social[19], ce qui entraîna, chose rarissime, un appel à une grève générale le 12 décembre 2014 à l'initiative de

---

[18] L'utilisation de cette « arme lourde » du parlementarisme rationnalisé version de la Vᵉ République signe pourtant un aveu de faiblesse : l'exécutif redoutait en effet que son projet de loi ne passât, au mieux, qu'avec le soutien de quelques parlementaires de droite (certains députés UDI et UMP ayant en effet affirmé qu'ils voteraient le texte), alors que le Front de Gauche se serait prononcé contre et que nombre de députés de gauche, socialistes « frondeurs », et écologistes, s'y seraient opposé. La motion de censure déposée en réaction n'avait, comme il était prévisible, aucune chance d'être accueillie, les députés socialistes « frondeurs » étant piégés par le chantage institutionnel du 49 alinéa 3 : la voter eût été se solidariser avec l'opposition de droite — avec le risque consécutif d'un renversement du gouvernement — quand leur démarche, interne, tenait du rapport de force au sein du groupe PS à l'Assemblée pour réorienter, par amendements, le projet de loi. Partant, néanmoins, la fracture consciemment suscitée par le duo exécutif augurait mal du congrès du PS, qui eut lieu du 5 au 7 juin 2015 à Poitiers, tant les positionnements apparaissent inconciliables et, de fait, la fameuse « synthèse » socialiste compromise. Un sondage publié par l'institut Odoxa révéla le pessimisme des personnes interrogées quant à l'unité du PS après l'utilisation par le Premier ministre de l'engagement de la responsabilité de son gouvernement sur le projet de loi Macron : 60 % de l'échantillon pensait que le PS risquait d'imploser (38 % pour les sympathisants socialistes, 45 % pour les sympathisants de gauche). D'autant que, pour 52 % des sondés, les députés « frondeurs » ne devaient pas quitter leur parti (60 % pour les sympathisants socialistes, 62 % pour les sympathisants de gauche) : http://www.odoxa.fr/wp-content/uploads/2015/02/Odoxa-pour-Itélé-CQFD-et-le-Parisien-Aujourdhui- en-France-La-situation-du-Parti-socialiste.pdf.
Si le PS n'implosa pas, l'affaiblissement de son influence électorale depuis 2017 est pourtant manifeste.

[19] Tout comme il le fit quand il était maire de Florence : http://www.media-part.fr/journal/international/300714/matteo-renzi-le-toscan-qui-vide-la-gauche-de-son-contenu-22.

la CGIL et de l'UIL, donnant lieu à des manifestations massives dans toute l'Italie. À l'adresse notamment de la CGIL, dont le nom de sa première responsable, Susanna Camusso est explicitement prononcée, Matteo Renzi, adepte effréné du *storytelling*[20], avait déclaré sans ambages, dans une vidéo postée sur YouTube (!) :

> aux syndicats qui veulent nous contester, je ne demande même pas de nous donner au moins le temps de leur présenter nos propositions, avant même qu'ils ne polémiquent. Je leur demande : mais où étiez-vous ces dernières années, quand s'est produite la plus grande injustice qu'a connue l'Italie, l'injustice entre ceux qui ont un emploi et ceux qui n'en ont pas, entre ceux qui ont un CDD, les précaires et surtout ceux qui ne peuvent même pas penser construire un projet de vie parce que l'on a seulement pensé à défendre des batailles idéologiques, plutôt qu'affronter les problèmes concrets des gens, les droits de ceux qui n'en ont pas, c'est-à-dire ceux qui nous intéressent, alors que nous, nous les défendrons de façon concrète et sérieuse[21].

La prise à témoin de l'opinion publique, via les nouvelles technologies de l'information, semble démontrer, s'il en était besoin, le mépris caractérisé (autant que démagogique) des corps intermédiaires affiché par le jeune président du Conseil italien d'alors. Mais visons plus loin : entrevoyons l'infratexte d'une telle allocution. Ainsi que l'exprime le politiste Christophe Bouillaud,

> comment interpréter ce positionnement du PD, qui semble s'éloigner de plus en plus de l'histoire du mouvement ouvrier

---

[20] Voir notamment, sur le *storytelling* de Renzi, deux enquêtes édifiantes respectivement livrées par Amélie Poinsot et Christian Salmon, journalistes de *Mediapart* : http://www.mediapart.fr/journal/international/280714/matteo-renzi-lascension-fulgurante-dun-tacticien-12 puis http://www.mediapart.fr/journal/international/211214/matteo-renzi-ou-l-art-de-courir-1 et http://www.mediapart.fr/journal/international/241214/matteo-renzi-2-lost-transgression.
Le recours immodéré à la communication a été par ailleurs très justement analysé par Michaël Bardin dans les colonnes du cinquième numéro de cette *Lettre*, dans son développement sur « les limites de la "communication Renzi" » : M. BARDIN, « *Réforme* et *Communication*, les maîtres-mots de l'action du Gouvernement Renzi », *LLI*, n° 5, octobre 2014, pp. 24-26.

[21] « Renzi alla Cgil : noi pensiamo ai precari, voi dove eravate? » : http://youtu.be/lNg8eAcodEw, vidéo postée le 19 septembre 2014.

italien ? Seulement par sa volonté de complaire aux attentes de l'UE et des marchés financiers en termes de "réformes structurelles", de gérer au mieux l'"État de consolidation fiscale" dont l'Italie constitue l'exemple parfait avec sa dette publique de plus de 130 % du PIB[22] ?

Plus avant, l'auteur, qui feignait la naïveté, révèle la réalité de la *maschera* renzienne, ne relevant aucunement d'une *svolta*, c'est-à-dire d'un tournant programmatique, mais s'inscrivant, bien au contraire, dans la continuité d'une politique économique parfaitement assumée :

> Le choix par Matteo Renzi de l'économiste Pier Carlo Padoan, vice-président depuis 2007 et économiste en chef depuis 2009 de l'OCDE, comme ministre de l'Économie et des Finances s'inscrit [...] dans une continuité. Au-delà de la querelle publique et européenne sur le niveau du déficit souhaitable pour l'Italie en 2014 et en 2015, la réponse que Pier Carlo Padoan a faite le 21 novembre 2014 aux demandes de précisions sur sa politique économique de la part de la Commission européenne illustre la parfaite conformité entre les choix annoncés par le gouvernement Renzi en matière économique et sociale et les suggestions des institutions internationales et européennes. Cette conformité implique pour le moins un très faible lien avec les choix traditionnels du mouvement ouvrier[23].

Dès lors, la rupture avec le syndicalisme italien, et notamment la CGIL, alliée historique du PCI puis du PD, signe le rapprochement, désormais ouvertement assumé, avec les thèses économiques orthodoxes, traditionnellement portées par la droite.

Un tel constat ne peut qu'interpeller l'observateur français, qui se remémore la campagne présidentielle de 2012 d'un certain… Nicolas Sarkozy. Le candidat de l'UMP n'hésitait alors pas à déclarer, dans un meeting tenu à Marseille le 19 février 2012 : « Pendant cinq ans, j'ai pu mesurer la puissance des corps intermédiaires qui s'interposent parfois entre le peuple et le sommet de l'État, qui prétendent souvent parler au nom des

---

[22] C. Bouillaud, « La gauche italienne à l'heure du "renzisme" », Fondation Jean Jaurès, p. 11 : http://www.jean-jaures.org/content/download/20617/211473/version/2/file/gaucheitalienne-Bouillaud.pdf.

[23] *Ibid.*, p. 29.

Français et qui en réalité confisquent la parole des Français. » L'identification des corps intermédiaires que le candidat, finalement défait, stigmatisait était claire : lors d'un discours précédemment tenu à l'occasion du meeting d'Annecy du 16 février de la même année, le président sortant s'en était déjà pris à eux en ce qu'ils faisaient, selon ses dires « écran entre le peuple et le gouvernement », citant alors explicitement « les syndicats, les partis, les groupes de pression, les experts, les commentateurs ». La similitude des propos tenus par l'ancien chef d'État français et le chef de gouvernement italien ne laisse pas d'étonner, brouillant plus encore les cartes du positionnement politique, c'est-à-dire de la « bipolarisation spatiale[24] » droite/gauche.

D'autant qu'au sein d'une même formation politique, Parti démocrate en Italie, Parti socialiste en France, les clivages manifestés au grand jour ne sont plus de vaines querelles picrocholines de tendances, auxquelles ont toujours été habitués, jusqu'à la lassitude, les « solfinologues[25] » ; ils révèlent désormais les béances, les gouffres idéologiques internes de socialistes qui se déchirent jusqu'à leur nom[26].

On ne reviendra pas plus avant sur la lutte interne au Parti démocrate entre la « vieille garde », issue des cadres du Parti communiste italien — moquée par le *rottomatore* autoproclamé

---

[24] L'expression est empruntée à J. JULLIARD, *op. cit.*, pp. 131 et s.

[25] Spécialistes du PS, ainsi appelés en raison de l'ancien siège parisien de ce parti, rue de Solférino.

[26] Que l'on observe, pour s'en convaincre, la remise en cause implicite par Manuel Valls du qualificatif socialiste. Le Premier ministre, dans un entretien accordé à l'hebdomadaire *L'Obs* déclara, sans aménités, qu'« Il faut en finir avec la gauche passéiste ». Interrogé en ces termes par l'interviewer sur sa vision de la gauche : « Cette gauche est pragmatique plus qu'idéologique ? », le chef de gouvernement répondit : « Oui, parce que l'idéologie a conduit à des désastres mais la gauche que je porte garde un idéal : l'émancipation de chacun. Elle est pragmatique ». « Pas socialiste ? » relance le journalist ; Manuel Valls répondit : « je le répète : pragmatique, réformiste et républicaine ». Interrogé ensuite sur la question du changement de nom de sa formation politique, le Premier ministre répond, laconique, « Pourquoi pas ? », in *L'Obs*, édition du 23 octobre 2014. Etrange écho au discours dit de la *svolta della Bolognina* évoque dans le chapitre précédent et prononcé à Bologne par le dernier secrétaire général du PCI le 12 novembre 1989, qui constitua l'acte I du suicide de ce parti politique.

Renzi et les « modernes », dont il est devenu chef de file avant de quitter le parti pour créer sa propre formation. Le débat sur l'article 18 a été tranché[27], marquant la défaite des « historiques » de l'ancien PCI ; d'autant que l'un d'eux, l'ancien président de la République Giorgio Napolitano[28], prit nettement position, peu après la « sortie » de Renzi précédemment évoquée, pour la promotion du *Jobs Act*, attaquant par là même la minorité du Parti démocrate et les syndicats : « dans ce pays que nous aimons, nous ne pouvons plus rester prisonniers des conservatismes, corporatismes et injustices[29] ». Ces propos résonnent étrangement, « comme si l'oreille n'avait le vertige de n'entendre jamais revenir en écho[30] » des paroles prononcées par un Renzi, un Valls, un Macron, un Hollande, un Sarkozy ou tout autre « moderne » ou « pragmatique »…

Revenons maintenant sur les déchirements internes au Parti socialiste. Ils tendent à démontrer, par l'absurde, l'éclatement de tout point d'ancrage, puisqu'un parti de gouvernement de gauche, *le* principal parti de gouvernement à gauche, détenteur de la majorité absolue des sièges à l'Assemblée nationale sous la mandature 2012-2017, n'était plus en mesure — première sous la Ve République — de convaincre ses parlementaires de voter de façon homogène les textes présentés par l'exécutif. Les « frondeurs » rechignèrent, le Président louvoya, le Premier ministre, le président du groupe PS à l'Assemblée admonestèrent, la cacophonie s'installa, les militants socialistes se désolèrent : la synthèse a vécu ! Difficile pour autant de s'abasourdir quand l'électeur se remémore le discours du candidat socialiste au Bourget le 22 janvier 2012 : « Dans cette bataille qui s'engage, je vais vous dire qui est mon adversaire, mon véritable adversaire. Il n'a pas de nom, pas de visage, pas de parti, il ne présentera jamais sa candidature, il ne sera donc pas élu, et pourtant il gouverne. Cet adversaire, c'est le monde de

---

27 Voir, sur le débat interne, M. BARDIN, « Réforme et Communication », *art. cit.*, p. 25.

28 Il est vrai issu de l'aile *miglioriste* du PCI. Cf. le chapitre sur la fin du PCI.

29 http://www.huffingtonpost.it/2014/09/22/giorgio-napolitano-lavoro_n_5862250.html?utm_hp_ref=italy.

30 L'emprunt provient de Julien GRACQ, *Le Rivage des Syrtes*, Paris, Corti, 1951.

la finance[31]. » Quel lyrisme ! Dès lors, l'électeur ayant opté, au moins au second tour, pour l'impétrant le mieux placé à gauche, ne peut que s'interroger quand, le 31 décembre 2013, le candidat devenu président lui présenta ses vœux, lui annonçant tout de go un ensemble de mesures contenues dans un « pacte de responsabilité et de solidarité » fondé, selon les termes de François Hollande, « sur [un] principe simple : moins de charges sur le travail[32], moins de contraintes sur leurs activités et, en même temps, une contrepartie, plus d'embauches et plus de dialogue social[33] ». Le président se gardait prudemment de traduire de façon explicite ses vœux, c'est-à-dire de nommer les choses, ne faisant que les suggérer, préférant réserver l'annonce de mesures concrètes à la conférence de presse du 14 janvier 2014[34]. À la Saint-Sylvestre, il ne prononça donc pas encore les mots ; il ne dira pour autant pas, deux semaines après, qu'il enracinait définitivement son mandat dans une politique économique de l'offre[35] [36]qui, malgré ses dires, n'exige aucune

---

[31] http://tempsreel.nouvelobs.com/politique/election-presidentielle-2012/sources-brutes/20120122.OBS9488/l-integralite-du-discours-de-francois-hollande-au-bourget.html.

[32] L'expression de « *charges* sur le travail » détonne, plus encore qu'elle étonne, car elle connote : ce sont habituellement la droite et les économistes orthodoxes (entendons libéraux voire ultra-libéraux) qui l'emploient. D'autant que, juridiquement, il s'agit de cotisations sociales…

[33] http://www.elysee.fr/videos/v-oelig-ux-de-francois-hollande-aux-francais-pour-l-039-annee-2014/.

[34] https://www.youtube.com/watch?v=z2tGk9UsFH4.

[35] Ph. FRÉMAUX, « Le pacte de responsabilité : une politique de l'offre qui ne dit pas son nom », *Alternatives économiques*, janvier 2014 ; http://www.alternatives-economiques.fr/pacte-de-responsabilite---une-politique-de-l-offre-qui-ne-dit- pas-son-nom_fr_art_633_66804.html.

[36] Le président se contenta de revendiquer, pour la première fois, son affiliation social-démocrate, ce qui pourrait là encore prêter à débat.

Voir à ce sujet l'interview, accordée au *Nouvel observateur* quelques heures après la conférences de presse du président de la République, par l'économiste Elie Cohen (beaucoup plus orthodoxe, quoiqu'il se défende de cette étiquette, que l'auteur cité dans la note précédente…). Selon lui, « pour la première fois le chef de l'Etat a expliqué clairement sa vision, c'est-à-dire ce que signifie une économie sociale de l'offre. Désormais, il assume et aspire à un tournant social-démocrate. Il a d'ailleurs eu un mot d'esprit pour montrer le côté ridicule du keynésianisme primaire. On voit que l'enfant de Jacques Delors qu'il est a de beaux restes. Mais ce tournant s'annonce difficile car ce n'est pas dans la

contrepartie, au sens juridique, soit synallagmatique du terme. En effet, ce « pacte » prévoit, un allégement des « coûts » ou « charges » du travail de dix milliards d'euros, venant s'ajouter au crédit d'impôt pour la compétitivité et l'emploi (CICE), acté par un autre « pacte », tout aussi unilatéral (oxymore volontaire…), qualifié de compétitivité[37] et chiffré à vingt milliards. Des voix, issues de partenaires gouvernementaux non socialistes, s'inquiétèrent. Des économistes hétérodoxes (entendons néokeynésiens) se gaussèrent, soulignant un glissement marqué à droite de la politique économique du président Hollande[38].

---

culture française. François Hollande veut créer cette habitude de la négociation, de la contractualisation, et de l'évaluation. » http://tempsreel.nouvelobs.com/economie/20140114.OBS2333/hollande-assume-un-tournant-social-democrate.html.

[37] Pacte national pour la croissance, la compétitivité et l'emploi, présenté par le gouvernement de Jean-Marc Ayrault le 6 novembre 2012 après remise, la veille, du rapport Gallois sur la compétitivité française. (http://www.ladocumentation-francaise.fr/var/storage/rapports-publics/124000591/0000.pdf).

[38] Voir C. Selosse, F. Tricoire et M. Soudais, « Le pacte Élysée-Medef », *Politis*, janvier 2014 : http://www.politis.fr/Le-pacte-Elysee-Medef,25138.html. Il faut par ailleurs noter la prise de distance manifeste de Thomas Piketty. Cet économiste, néo-keynésien reconnu (auteur d'un essai très remarqué — *Le Capital au XXIe siècle*, Paris, Editions du Seuil, 2013 — par lequel il démontre notamment que le rendement du capital est devenu très largement supérieur au taux de croissance — formule « r > g » —, de sorte que l'écart entre les revenus du capital et du travail est devenu exponentiel en quelques décennies, agrandissant de fait le fossé entre riches et pauvres). L'auteur fut très longtemps un proche du PS, jusqu'à figurer parmi les conseillers de Ségolène Royal lors de la campagne présidentielle de 2007. Cosignataire d'une tribune, publiée dans *Le Monde* en avril 2012 (http://abonnes.lemonde.fr/idees/article/2012/04/17/nous-economistes-soutenons-hollande_1686249 _3232.html) , dans laquelle il appelait à voter pour le François Hollande, il eut néanmoins, en juin 2014, des mots très durs à l'égard de l'orientation économique suivie par le pouvoir : » Je pense qu'il y a un degré d'improvisation dans la politique fiscale et la politique économique de François Hollande qui est effectivement assez consternant ». Et de poursuivre ainsi : « Plus grave encore, l'absence de proposition sur le front européen ». (http://abonnes.lemonde.fr/economie/video/2014/06/28/thomas-piketty-en-cinq-mots-clefs_4446587_3234.html). Conséquent, l'économiste refusa en janvier 2015 la légion d'honneur dont le gouvernement (finalement peu rancunier), voulait l'honorer.

Si tournant y a-t-il, il ne date pourtant pas du début de l'année 2014. En effet, et conformément à ses engagements[39], François Hollande entendit rompre avec son prédécesseur aux fins de relancer le dialogue social. Louable entreprise, certes, qui semble trancher avec la conflictualité que le chef de gouvernement italien entretint sciemment avec les centrales syndicales. Pourtant ! Considérons en effet la loi n° 2013-504 du 14 juin 2013 « relative à la sécurisation de l'emploi », dont on peut sans risque affirmer que sa qualification procède de l'antiphrase. Comme on le sait, cette loi est quasiment le décalque de l'accord national interprofessionnel (ANI) du 11 janvier 2013, conclu entre la CFDT, la CFTC, la CGC et le MEDEF, la CGT et FO ayant refusé d'y apposer leur signature. Or, depuis la réforme de la représentativité syndicale réalisée par la loi du 20 août 2008, un accord doit, pour être valable, recueillir la signature de syndicats représentatifs ayant obtenu au moins 30 % des voix lors des élections professionnelles dans les entreprises (et, lors du scrutin de représentativité organisé pour les salariés des TPE). Mais, jusqu'à la décision du ministre du Travail, qu'il devait rendre au plus tard le 22 août de cette même année, la loi de 2008 prévoyait que les règles anciennes continuaient, à titre provisoire, de s'appliquer : l'accord, pour être valable, devait être signé, ce qui fut le cas, par trois des cinq syndicats représentatifs. Pourtant, le ministre temporisa pour communiquer les chiffres. Marie-Laure Morin[40] s'interrogeait — dans un article signé sur son blog et hébergé par *Mediapart* — en ces termes, peu après la conclusion de l'ANI : « Pour un prétendu nouveau modèle social, peut-on se satisfaire d'une représentativité caduque ? Compte tenu [...] de l'importance d'un accord qui prétend fonder un nouveau modèle, on aimerait

---

[39] Lors de la désormais fameuse anaphore prononcée lors du débat télévisé du 2 mai 2012 qui l'opposait, dans l'entre-deux tours de la présidentielle, au président sortant, François Hollande déclara en particulier : « Moi président de la République, je ferai en sorte que les partenaires sociaux puissent être considérés, aussi bien les organisations professionnelles que les syndicats, et que nous puissions avoir régulièrement une discussion pour savoir ce qui relève de la loi, ce qui relève de la négociation. »

[40] Ancienne Conseillère à la Cour de cassation et ancienne directrice de recherche au CNRS.

savoir si les signataires représentent 30 % des suffrages exprimés des salariés, puisque dès aujourd'hui on peut le savoir. … Il y va de la légitimité même de l'accord[41]. » Le Gouvernement Ayrault aurait-il voulu dissimuler la faible représentativité d'un accord conclu par des organisations syndicales elle-même faiblement représentatives qu'il ne s'en serait pas pris autrement… Il ne s'en est d'ailleurs pas pris autrement ! Mais là n'est pourtant pas encore l'essentiel. L'accord conclu constitue, en dépit de l'intitulé de la loi qui le reprend quasiment terme à terme, une régression sociale. Marie-Laure Morin insiste sur la pression des milieux économiques :

> Les dispositions concernant le contentieux prud'homal individuel (délai de prescription raccourci, possibilité de transaction en conciliation moyennant indemnité forfaitaire en cas de contestation du licenciement), ont principalement pour objet de limiter l'intervention du judiciaire. Selon les théories économiques qui nous gouvernent, la possibilité d'intervention d'un juge en cas de licenciement serait une source de rigidité du marché du travail, car par définition il y a une incertitude sur la solution contentieuse[42].

Mireille Poirier relève quant à elle que la transposition par le législateur (et donc la majorité socialiste, sous la pression constante de l'exécutif) des articles 25 et 26 de l'ANI aurait davantage pour objet de « sécuriser les décisions patronales » que l'emploi[43]. Le politique, le législateur ont été ainsi invités à se

---

[41] M.-L. Morin, « Le patronat et le dialogue social, une approche étriquée », 16 janvier 2013 ; http://blogs.mediapart.fr/blog/marie-laure-morin/160113/le-patronat-et-le-dialogue-social-une-approche-etriquee.

[42] *Ibid.*

[43] M. Poirier, « À propos de la retranscription gouvernementale de l'ANI du 11 janvier 2013 : "sécurisation de l'emploi" ou "sécurisation des décisions patronales" ? », *Droit ouvrier*, 2013, pp. 240-249. L'auteur remarque en effet : « Le gouvernement a décidé de retranscrire "*fidèlement et sans délai*", l'accord du 11 janvier 2013. Le parlement est invité à se transformer en simple chambre d'enregistrement. Il lui est demandé de ne pas user de son pouvoir d'amendement de manière à "*respecter*" la volonté des signataires de l'ANI du 11 janvier 2013. "*On ne peut pas s'engager à responsabiliser les partenaires sociaux dans l'établissement du contrat social et commencer par détricoter ce qu'ils ont négocié. Le législateur doit prendre en compte et respecter l'équilibre de la négociation menée par les partenaires sociaux. Respecter leur signature, c'est l'idée même du contrat social que nous défendons*" explique le Groupe

taire, c'est-à-dire à se muer en pâles copistes de l'ANI. Étonnante conception du dialogue social et du rôle du politique.

Les politiques économiques menées des deux côtés des Alpes par des exécutifs estampillés « de gauche » ne semblaient ainsi remettre en cause ni la finance, ni l'austérité, ni la pression du milieu patronal. Dit autrement, il est par conséquent pour le moins difficile d'affirmer que ces gouvernements, qui procédaient pourtant effectivement d'électeurs de gauche, menèrent réellement une politique pouvant s'en revendiquer. Mais, précisément, quel curseur permet de situer une politique à gauche ou à droite de l'échiquier politique ? L'Histoire !

2. Retour nécessaire sur un passé prégnant

La France a dû compter un siècle pour établir irréversiblement[44] la République. De la nuit du 4 août 1789 — dont l'abolition des privilèges contenait en germe l'idéal républicain —, de la Déclaration des droits de l'homme et du citoyen du 26 août 1789 — qui, balayant l'ordre ancien, établissait les bases de notre droit moderne —, de la proclamation par la Convention, le 21 septembre 1792, de la République — sanctionnant ainsi une monarchie constitutionnelle discréditée par le double jeu de Louis XVI —, à la loi de révision constitutionnelle du 14 août 1884 — qui tranchait définitivement la forme républicaine du régime de la IIIe en adjoignant à la loi

---

socialiste à l'Assemblée nationale. » Voir aussi la communication de Daniel Boulmier aux *Rencontres de la chambre sociale 2014*, in *Bulletin d'information de la Cour de cassation*, n° 807, septembre 2014, pp. 14 et s., consultable en ligne : https://www.courdecassation.fr/IMG/pdf/bicc_807.pdf. Hormis ces analyses universitaires, il est également intéressant de lire la réaction très critique de Gérard Filoche, ancien inspecteur du travail et, par ailleurs, ancien membre du Bureau national du PS. Hormis ces analyses universitaires, il est également intéressant de lire la réaction très critique de Gérard Filoche, ancien inspecteur du travail et, par ailleurs, membre du Bureau national du PS : http://www.filoche.net/2013/02/16/ani-enumeration-des-54-reculs-quil-contient-dans-ses-27-articles.

[44] Si l'on excepte la funeste période de l'Etat français, et qu'on s'en tient dès lors à la fiction juridique de l'article 1er de l'ordonnance du 9 août 1944, selon lequel « la forme du gouvernement de la France est et demeure la République. En droit, celle-ci n'a jamais cessé d'exister ».

constitutionnelle du 25 février 1875 une phrase[45] disposant que « la forme républicaine du gouvernement ne peut faire l'objet d'une proposition de révision » —, que le chemin fut long !

Mais, sauf à se limiter à la définition formelle de la République, « indivisible, laïque, démocratique et sociale » (article 1er de la Constitution de 1958), encore faut-il saisir combien ce terme, si polysémique, a pu générer, et ce au moins à partir de 1848, d'ambiguïtés. De sorte que la fracture irréductible des gauches trouve sa matrice dans le contenu qu'on donne au terme « République », qui ne peut se réduire à ces simples épithètes, produits par les strates successives de notre histoire constitutionnelle.

Pour synthétiser, on peut avancer que, durant la Révolution française, la République se définissait essentiellement comme négation de l'Ancien Régime et de sa dérive absolutiste. On sait que la question sociale ne fut quasiment jamais abordée, la République s'identifiant finalement à la définition de l'*Aufklärung* donnée par Kant dans un célèbre opuscule de 1784 :

> Les Lumières, c'est *la sortie de l'homme de sa minorité dont il est lui-même responsable. Minorité*, c'est-à-dire incapacité de se servir de son entendement sans la direction d'autrui, *minorité dont il est lui-même responsable*, puisque la cause en réside non dans un défaut de l'entendement, mais dans un manque de décision et de courage de s'en servir sans la direction d'autrui. *Sapere aude*. Aie le courage de te servir de ton propre entendement. Voilà la devise des Lumières[46].

Une définition positive de la République durant la *Grande Révolution*[47] se confond ainsi avec l'acception kantienne des Lumières, en tant que projet d'émancipation *individuelle* et non *collective*. Dit autrement, la République, première du nom dans notre histoire, est essentiellement libérale, au sens non seulement politique, certes, mais aussi économique. Preuve en est d'ailleurs

---

[45] Reprise par les IVe (article 95 de la Constitution de 1946) et Ve Républiques (article 89 alinéa 5 de la Constitution de 1958, qui retranche le terme, devenu constitutionnellement ambigu, de proposition).

[46] E. KANT, *Réponse à la question : qu'est-ce que les Lumières ?*, *in* E. KANT, *La philosophie de l'histoire*, trad. fr. S. Piobetta, Paris, 1947, p. 46.

[47] Pour reprendre l'intitulé éponyme de l'ouvrage de P. KROPOTKINE, *La Grande Révolution (1789-1793)*, Paris, P.-V. Stock, 1909.

que la Constitution montagnarde de l'an I de la République ne change pas substantiellement la donne, relativement à la Déclaration de 1789, promulguée par Louis XVI. Dans cette dernière, l'article 2 dispose : « Le but de toute association politique est la conservation des droits naturels et imprescriptibles de l'Homme. Ces droits sont la liberté, la propriété, la sûreté, et la résistance à l'oppression. » Dans la Constitution du 6 messidor an I (24 juin 1793) — dont on sait par ailleurs qu'elle ne fut jamais appliquée —, l'articulation des deux premiers articles montre que, si la différence essentielle réside dans la consécration de l'égalité, en tant que premier droit naturel imprescriptible énoncé[48], la propriété demeure, comme en 1789, un droit naturel imprescriptible. C'est pourquoi une définition contemporaine — en tant que *notion hétérogène*, et non, rappelons-le, que concept — de *La Gauche* ne peut se satisfaire du seul projet de la *Grande Révolution*, en raison, répétons-le, des prémisses libérales de cette décennie, et de l'absence consécutive de considération de la question sociale[49]. Preuve en est le décret d'Allarde (2 et 17 mars 1791), preuve en est la loi Le Chapelier (14 juin 1791), preuve en est encore la suppression, par la réaction thermidorienne, de la loi du maximum général (29 septembre 1793 — qui instituait un maximum du prix des grains –), la Convention votant un décret du 24 décembre 1794 abrogeant la loi d'inspiration robespierriste, et rétablissant définitivement la liberté économique. Ainsi que l'exprime Marcel Dorigny,

---

48 Alors que la Déclaration de 1789, si elle proclame en son article 1er que « Les hommes naissent et demeurent libres et égaux en droit », ne range pas cette égalité formelle parmi les droits naturels et imprescriptibles, comme le démontre l'absence de sa mention dans l'article 2.

49 L'équivoque naît de la spatialisation, durant le vote sur le veto royal le 28 août 1789, des députés à la Constituante. Les partisans du veto se placent en effet à la droite du bureau du Président de séance, ses adversaires à sa gauche. Robespierre publie, le 21 septembre, un discours qu'il n'a pu prononcer lors des débats, où il explique son opposition absolue au veto, fondant ainsi, dans le sillage de la pensée rousseauiste, les linéaments de la souveraineté populaire. C'est en ce sens qu'il compte, *politiquement*, comme l'un des ancêtres directs de la gauche française. Voir le texte sur http://www.gauchemip.org/spip.php?article972.

> La législation révolutionnaire mit sur un pied d'égalité les propriétés nobiliaires et les propriétés roturières, fondant par là même le régime des notables [...]. L'égalité proclamée était celle des propriétaires face à la loi, les non-propriétaires n'étaient pas "actionnaires" véritables de la société. Le Code civil napoléonien consacra l'intégralité de la législation révolutionnaire relative à la propriété qui avait réalisé le mot d'ordre lancé par Talleyrand en mars 1789 dans le cahier de doléances qu'il rédigea pour le clergé de son diocèse d'Autun : "en même temps que les États généraux écarteront les propriétés supposées et jugeront les propriétés nuisibles, *ils s'occuperont de tous les moyens de rendre à la propriété véritable toute sa force et son étendue*"[50].

Si, formellement, la République ne s'est pas éteinte durant l'Empire[51], et avec elle la sacralisation du droit de propriété, sa nuit fut longue, puisque son aube, retrouvée, ne se leva qu'en 1848. Une aube aux couleurs incertaines cependant...

1848 est une date phare, certainement *la* date de naissance des gauches ; 1848 est, dans le même mouvement dialectique, l'année fondatrice de leur intrinsèque et pérenne conflictualité. On doit en effet rappeler que c'est la Révolution de février elle-même, et non la IIe République qui allait en résulter, qui proclama le suffrage universel[52]. Et pourtant, ce sera cette

---

[50] M. DORIGNY, « Propriété (Droit de) », *in* A. SOBOUL (dir.), *Dictionnaire historique de la Révolution française*, Paris, PUF, 1989, p. 870.

[51] En effet, c'est un sénatus-consulte organique du 28 floréal an XII, dit Constitution de l'an XII (18 mai 1804 — entériné par le plébiscite du 6 novembre) qui confie *le gouvernement de la République* au Premier Consul, avec le titre d'Empereur des Français, dont la dignité est transmise selon le principe monarchique de la primogéniture masculine, sauf adoption d'un héritier mâle. Mais le nouveau fondement de la souveraineté est l'exemple archétypique de la synthèse dialectique évoquée par Hegel entre la République et la Monarchie (cf. G. W. HEGEL, *La raison dans l'Histoire*, Paris, Pocket, coll. Agora, 2012 — traduction la plus récente). Napoléon fonde la légitimité de sa souveraineté sur la grâce de Dieu, conformément à la théorie du droit naturel catholique, tout en se réclamant du peuple : plébiscite du 6 novembre 1804, auquel répond la présence du pape Pie VII, le 2 décembre 1804, au sacre de l'homme du 18 Brumaire. C'est ainsi qu'il faut d'ailleurs interpréter le geste par lequel il se couronne lui-même, sans l'intercession du Souverain pontife, qui ne fait qu'assister au sacre de l'Empereur.

[52] C'est en effet le Gouvernement provisoire, soit la Révolution elle-même qui restaura le suffrage universel (masculin, puisqu'il fallut encore attendre presque

République, qui ainsi que nous l'avons vu dans l'introduction, mata l'insurrection populaire de juin 1848. Faisons place ici à l'analyse de Jacques Julliard :

> Que s'était-il donc passé ? Rien de moins que la rupture, à l'occasion de la révolte ouvrière de juin 1848, du front de gauche qui s'était constitué en février en faveur du suffrage universel. Juin 1848 est un moment marxiste par excellence, celui où le social déshabille le politique et le réduit à sa pure nudité de classe. Ce n'est donc pas un hasard si Karl Marx s'est tant attaché à décrire un tel processus[53].

En effet, l'auteur du *Manifeste du Parti communiste* a également écrit *Les luttes des classes en France* s'appuyant précisément sur la répression de juin 1848 pour illustrer l'acmé de son concept[54]. Dans cet ouvrage, le philosophe allemand prend acte de ces événements en des termes parfaitement univoques :

> L'acte de naissance de la République bourgeoise n'était pas la victoire de février, mais la défaite de juin [...]. Les ouvriers répondirent le 22 juin par la formidable insurrection où fut livrée la première grande bataille entre les deux classes qui divisent la société moderne. C'est la lutte pour le maintien ou l'anéantissement de l'ordre *bourgeois*. Le voile qui cachait la République se déchirait[55].

Et de fait, cette République en vint deux années après, subrepticement, à s'affranchir même du suffrage universel,

---

un siècle pour que l'universalité soit accordée aux femmes...) par le décret du 5 mars, de même que c'est le Gouvernement provisoire, soit la Révolution elle-même qui abolit l'esclavage, supprima la peine de mort pour raisons politiques, instaura la liberté de la presse et de réunion, limita le temps de travail, instaura le droit au travail. Sa politique fut à la fois pacifique et socialiste. L'œuvre de 1848, que l'on impute à tort à la République, lui fut en réalité antérieure, l'élection de l'Assemblée constituante datant du 23 avril.

[53] J. JULLIARD, *Les gauches françaises*, *op. cit.*, p. 324.

[54] K. MARX, *Les luttes des classes en France*, Paris, Éditions sociales, 1952. De la même façon, plus tardivement, il décrivit l'écrasement de la Commune de Paris *in* K. MARX, *La guerre civile en France*, Paris, Entremonde, 2012.

[55] K. MARX, *Les luttes des classes en France*, *op. cit.*, p. 44.

marquant, par la loi électorale du 31 mars 1850, sa peur des classes populaires, son aversion pour la question sociale[56].

Mais de quelle République parle-t-on ? De la République en tant qu'institution, c'est-à-dire de la IIe République, et non de la République en tant que projet, de « La Sociale », de cette République ardemment souhaitée par les révolutionnaires de février. Il est en effet important de préciser ici que deux camps se sont fait face, esquissant les contours originels de la fracture des gauches, sculptant le moule de la figure fratricide. Deux camps à l'origine unis autour d'un malentendu fondateur : l'instauration définitive du suffrage universel. Mais par suite, la victoire des troupes du général Cavaignac le 26 juin contre les insurgés est, comme le souligne Samuel Hayat, « un événement fondateur de la République, comme règne de l'élection et parallèlement le refoulement, voire la forclusion d'une certaine interprétation de la République[57] ». « Comme règle de l'élection », comme « refoulement ». Dit autrement, une République alors aristocratique, si l'on se fie à Montesquieu, thuriféraire du concept de représentation : « Le suffrage par le sort est de la nature de la démocratie ; le suffrage par choix est de celle de l'aristocratie[58]. » La République représentative — Montesquieu trahissant sa préférence nous enseigne ici l'essentiel — parce qu'elle est par essence aristocratique, n'était évidemment pas la République souhaitée par les révolutionnaires de février 1848.

Dans le croisement des temps, la trahison de l'idéal révolutionnaire républicain semble répondre à une inquiétude contemporaine, exprimée par Pierre Bourdieu au soir de sa vie : « la destruction de l'essence même de l'idée ou de l'idéal socialiste, c'est-à-dire l'ambition de sauvegarder par une action

---

[56] Cette loi, préparée par Thiers, Molé et Montalembert, « c'est-à-dire la bourgeoisie orléaniste appuyée sur le catholicisme conservateur » (J. JULLIARD, *op. cit.*, p. 324), spolia trois millions d'électeurs (soit le tiers du corps électoral, alors composé de neuf millions de Français) de leur suffrage en exigeant des citoyens qu'ils puissent justifier de trois années de résidence continue sur le territoire de leur commune. Moins que les vagabonds, la République chassait ainsi des bureaux de vote les ouvriers journaliers, les compagnons du Tour de France, « c'est-à-dire la France socialement dangereuse » (*ibid.*).

[57] S. HAYAT, *Quand la République était révolutionnaire*, op. cit., p. 336.

[58] Montesquieu, *De l'esprit des lois*, Livre II, chapitre III.

collective et organisée les solidarités menacées par les forces économiques[59] ». La conception révolutionnaire, soit démocratique et sociale, de la République n'a en effet que peu à voir avec l'esprit institutionnel de la IIe République. Celui-ci reprenait en fait l'idéologie « modérée » de la République (d'un Lamartine par exemple) qu'on pourrait ainsi résumer. Son *contenu* se réduit à la question du suffrage et de son extension à l'universalité, ce qui impliquait, de fait, une double réduction, les droits humains étant intégralement contenus dans la souveraineté du peuple, acquise par la relégation définitive du cens, et la souveraineté du peuple s'identifiant à la seule élection de ses représentants. L'*égalité* ensuite faisait elle-même l'objet, dans cette conception « modérée » de la République, d'une double réduction, puisqu'elle était intégralement comprise dans le choix des représentants, de sorte que l'idée du prolétaire ne pouvait plus conceptuellement exister, vu que l'inégalité n'existait dès lors plus, en ce sens qu'on ne pouvait alors plus affirmer (comme sous les systèmes antérieurs de monarchie censitaire, Restauration et Monarchie de Juillet), qu'un autre était plus souverain que soi. La *temporalité* enfin de la Révolution de 1848 résultait de cet agrégat de réduction, de sorte que son histoire était strictement circonscrite, après l'insurrection de février, entre l'adoption, par décret du 5 mars, du suffrage universel, et la date de l'élection de l'Assemblée constituante, le 23 avril. Cette conception « modérée » de la République reconduit en fait — à l'exception certes notable du suffrage — la logique du Gouvernement représentatif, puisqu'elle impliquait : une séparation stricte entre État et société et donc l'absence de tout interventionnisme économique et social ; la délégation du pouvoir à des personnes — les représentants – détentrices de certaines capacités et, partant, l'exclusion de fait de la citoyenneté active des représentés en ce qu'ils ne peuvent, en raison de leurs moindres capacités, prétendre à la participation directe aux affaires publiques.

---

[59] P. Bourdieu, « Pour un mouvement social européen », *Le Monde diplomatique*, juin 1999.

BERLUSCONI, BOUFFONNERIE OU MÉTAPHORE ?

Il Cavaliere, Sua Emittenza, le caïman, papi, Al Tappone… la liste est longue (et non exhaustive !) des surnoms que Berlusconi, véritable personnage de commedia dell'arte, collectionna depuis son entrée sur scène, d'abord économique puis politique. Quand les deux premiers vantaient son authentique titre de Chevalier du travail ou, avec une bienveillante quoique sourcilleuse ironie, la réussite de l'empire médiatique qu'il sut créer à travers sa holding *Fininvest* et son groupe *Mediaset* (« *Sua Emittenza* » est un jeu de mots entre le titre cardinalesque d'Éminence et la puissance émettrice de ses chaînes télévisées…), les trois derniers sobriquets, apparus plus tardivement, signalaient la lente, mais irréversible inversion de l'estime que put en son temps susciter le chef d'entreprise et avant-dernier Président du Conseil italien. Du *caïman*, anthropomorphisme éponyme d'un film pamphlet de Nanni Moretti sorti en 2006, à *Papi* (« papounet » en français, surnom apparemment affectueux — mais repris par une presse de plus en plus sardonique — qu'une jeune femme d'à peine 18 ans donnait au susdit *Papi* lors de rencontres que certains esprits farceurs, et notamment le principal intéressé, décrivirent comme purement platoniques), en passant par *Al Tappone* (contraction du patronyme du célèbre bandit italo-américain et de « tappo », le bouchon en italien, également utilisé pour désigner les personnes petites et trapues), la dégradation de l'image du tycoon politique transalpin est patente.

Il réussit pourtant l'exploit, inédit à ce jour, d'avoir été non seulement quatre fois Président du Conseil depuis 1994, mais surtout d'avoir occupé lors de ses différents séjours au *Palazzo Chigi*[1], plus de neuf années ce fauteuil (226 jours de mai 1994 à janvier 1995, 1804 jours de juin 2001 à mai 2006 et, enfin, —

[1] Siège de la présidence du Conseil.

malgré ses velléités de retour[2] — 1283 jours de mai 2006 à novembre 2011, durant toute une législature, ce qui n'était encore jamais arrivé[3]). À titre de comparaison, son mentor et « parrain » politique, le sulfureux « socialiste » Bettino Craxi, détenait le précédent record puisqu'il gouverna presque quatre ans entre 1983 et 1987.

Si toute la presse européenne, notamment économique[4], dénonça à la fin de son dernier « règne »[5], pour lui enjoindre de démissionner, la mégalomanie du personnage, sa ridicule théâtralité, ses liens douteux avec l'économie parallèle, le caractère sulfureux de ses relations amicales, sentimentales ou sexuelles et, *last but not least*, l'irréversible dégradation de l'image et la crédibilité de son pays[6], notre « artiste », 18 ans de

---

[2] Voir l'entretien étrangement accordé le 10 août par Berlusconi au quotidien français *Libération*, pourtant peu suspect d'une quelconque sympathie à son égard, *in* http://www.liberation.fr/monde/2012/08/10/je-n-ai-jamais-abandonne-la-politique_839092, bien évidemment aussitôt relayé par le journal italien *La Repubblica*, *in* http://www.repubblica.it/politica/2012/08/10/news/casi_ruby_berlusconi_a_liberation_sono_sicuro_sar_assolto-40721791, dans lequel il affirmait notamment : « *Le fait est que tout le parti, à commencer par les députés, me demandent de revenir pour bénéficier de ma popularité en campagne électorale. Je n'ai pas encore décidé mais une chose est sûre : j'ai toujours été au service de mon pays, d'abord en tant qu'entrepreneur, puis comme représentant des institutions.* »

[3] Voir ces différents chiffres sur : http://it.wikipedia.org/wiki/Elenco_dei_governi_italiani_in_ordine_di_durata.

[4] Le quotidien italien *Il Corriere della sera* se fit l'écho, le 5 novembre 2011, de la une, datée de la veille, du quotidien britannique *The Financial Times*, sobrement intitulée, à l'adresse de Berlusconi : « *In the name of God and Italy, go !* ». Voir, pour *Il Corriere della sera* : http://www.corriere.it/politica/11_novembre_05/berlusconi-ft-pressing-dimissioni_0e322da6-0784-11e1-8b90-2b9023f4624f.shtml et, pour *The Financial Times* (en version payante cependant) : http://www.ft.com/intl/cms/s/9c118294-06fc-11e1-90de-00144feabdc0,Authorised=false.html?_i_location=http%3A%2F%2Fwww.ft.com%2Fcms%2Fs%2F0%2F9c118294-06fc-11e1-90de-00144feabdc0.html&_i_referer=http%3A%2F%2Finvestmentwatchblog.com%2Fthe-ft-tells-berlusconi-in-gods-name-go%2F#axzz25Ev5Fnze.

[5] Il fut en effet contraint à la démission peu après, le 12 novembre 2011, car ne disposant plus de la majorité absolue à la Chambre des députés, une partie de ses troupes ayant fait défection.

[6] L'Institut national italien de la statistique (ISTAT) a annoncé fin 2011 que la dette publique avait atteint l'équivalent de 120,1 % de la richesse produite dans le pays (contre 118,7 % fin 2010), à rapporter, fin 2011, aux dettes publiques

vie publique au plus haut niveau, en tant que Président du Conseil ou chef de l'opposition, et 50 d'affair(ism)es, ne manqua pourtant ni de ressources, ni de soutiens.

On ne pourrait comprendre la longévité du phénomène Berlusconi si au préalable on n'inscrivait, brièvement, la « geste » du Caïman dans l'histoire politique contemporaine de l'Italie, après la libération de la péninsule jusqu'à son entrée en politique (I. Un contexte historique favorable). L'engouement, à l'origine, pour Berlusconi fut le résultat de la fascination que sa réussite économique, pourtant controversée, a pu susciter (II. Une réussite personnelle controversée). Mais, par-delà son action politique en tant que chef de gouvernement, ses réelles préoccupations semblent avoir été en réalité principalement axées sur la défense de ses propres intérêts (III. Une confusion des genres assumée). Dès lors, cette longue scansion politique n'est-elle qu'un symptôme éphémère et curable d'une société en crise ou, plus profondément, l'incarnation tragi-comique du déclin d'un pays pourtant à l'origine, depuis le *Rinascimento*, de la conception moderne de la politique ? Berlusconi serait-il une erreur de l'Histoire ou bien plutôt l'archétype, observable dans d'autres contrées, y compris les nôtres, d'une confusion désespérante des genres, ou la politique ne serait plus que la *maschera*, le masque arboré par le comédien protagoniste d'une pièce visant à détourner les regards d'une réalité qui échappe au spectateur-citoyen (IV. Berlusconi ou l'illusion démocratique) ?

1. Un contexte historique favorable

L'Italie délivrée du fascisme, les pères fondateurs de la République italienne établirent une Constitution, promulguée le 27 décembre 1947 et toujours en vigueur, qui figure parmi les plus remarquables sur le plan de la protection des droits fondamentaux. L'organisation institutionnelle est, très classiquement, celle d'une démocratie parlementaire, fidèle au modèle et surtout à la pratique institutionnelle autorisée par le

correspondant à 65, 8 % du PIB espagnol, 84, 7 % du PIB français, 107, 8 % du PIB portugais et 165, 3 % du PIB grec.

Statut albertin[7]. Mais de surcroît, pendule de Foucault oblige, l'organisation des pouvoirs fut très largement décentralisée en 1947, le modèle unitaire étant définitivement répudié et le monopole de la loi nationale rejeté au profit d'un pluralisme législatif partagé entre l'État et les Régions. Ainsi, la sacralité de la loi avait vécu, non seulement en raison de la multiplicité de ses auteurs, de son respect nécessaire de la règle normative supérieure, assuré sous le contrôle de la Cour constitutionnelle, mais aussi de l'institution d'un référendum abrogatif d'initiative minoritaire, permettant à 500 000 citoyens signataires de soumettre au corps électoral une demande d'abrogation totale ou partielle d'une loi ou acte de même valeur normative, après sa promulgation, sans aucune contrainte temporelle. Parlement et gouvernement étaient ainsi placés non seulement sous le contrôle vigilant de la Cour constitutionnelle et des Régions, mais aussi, bien sûr, des citoyens, classiquement à l'occasion du renouvellement du mandat des députés et sénateurs, mais également *durant* les législatures, par le truchement du référendum abrogatif.

Sur le papier, un modèle d'équilibre... Las ! C'était sans compter la réalité de la pratique politique et l'abaissement, décrit par Winston Churchill dans son discours de Fulton[8], du rideau de fer. Comme en France, le tripartisme associant le Parti communiste italien, le Parti socialiste italien et la Démocratie chrétienne explose en 1947, à l'orée de la guerre froide et sous la pression de l'oncle Sam, soucieux que l'expérience cesse au plus tôt en regard de la progression de l'emprise soviétique sur l'Europe orientale. Dès lors, les communistes ne seront plus jamais associés au pouvoir national[9]. Place libre est ainsi faite à

---

[7] Le Statut albertin est une charte constitutionnelle concédée par Charles-Albert de Savoie au Royaume de Piémont-Sardaigne en 1848 et qui s'étendit, avec le *Risorgimento*, au Royaume d'Italie dès 1861. Il demeura formellement en vigueur pendant le fascisme (1922-1944) et même jusqu'à la répudiation définitive par référendum du 2 juin 1946 du principe monarchique.

[8] Discours prononcé le 5 mars 1946.

[9] Alors même que le PCI fut l'une des deux formations politiques les plus importantes depuis la libération de l'Italie jusqu'à son autodissolution en 1991, lors de son XXe et dernier congrès, à Rimini. Elle dépassa même, certes de peu, la DC aux européennes de 1984. Le PSI, malgré l'objectif avoué de Bettino Craxi, ne parvint jamais, au contraire du PS français de Mitterrand dans les

l'alliée indéfectible des États-Unis, c'est-à-dire à la DC. D'autant que les contre-pouvoirs démocratiques prévus par la Constitution (Régions et référendum abrogatif), ne seront effectivement mis en place qu'à partir de 1970 et que, à compter de cette décennie, DC et PCI semblèrent se satisfaire d'une partition géographique des pouvoirs, national pour la première formation, régional pour la seconde. Mais, à l'image de Giulio Andreotti, ministre sans discontinuer de 1948 à 1979 puis de 1983 à 1992 (il fut également par trois fois Président du Conseil), la DC ne lâcha jamais le pouvoir jusqu'en 1992, c'est-à-dire peu après l'éclatement de l'affaire *Tangentopoli*[10], qui révéla à l'opinion publique italienne le niveau de corruption des principaux partis associés dans l'exercice du pouvoir gouvernemental, le PSI et l'apparemment inoxydable DC, tous deux emportés par le scandale[11]. De sorte que, de 1947 à 1994, l'Italie politique présentait le visage d'une démocratie bloquée, où l'alternance était résolument impossible, le barrage contre un parti de gouvernement paraissant inexpugnable du fait d'une véritable *conventio ad excludendum* inspirée par les États-Unis. Une exception, notable quoique relative, à cette politique de *containment* du PCI : le *compromesso storico* (compromis historique) des années 1970, par lequel la DC d'Aldo Moro et le

---

années 1970, à devancer le PCI. Il ne dépassa jamais 15 % des suffrages. Quelques jours après la mort d'Enrico Berlinguer, son secrétaire général, le PCI recueillit aux élections européennes de 1984 33, 33 % des suffrages, à rapporter aux 11, 21 % du PSI dont le secrétaire, Craxi, était pourtant Président du Conseil !

[10] « Ville des pots de vin », rappelons-le, surnom infamant donné à Milan, où un juge opiniâtre, Antonio Di Pietro, à l'origine saisi d'une banale affaire de marché truqué, mit à jour le scandale, dont on s'aperçut rapidement, l'enquête s'accélérant, qu'il avait en réalité des ramifications sur l'ensemble du territoire national.

[11] Face au *terremoto* (tremblement de terre) de l'affaire *Tangentopoli*, la DC, par la voix de son dernier secrétaire, Mino Martinazzoli, est dissoute le 16 janvier 1994 et transformée en Parti Populaire Italien (PPI). La dissolution du PSI advint peu après, le 13 novembre 1994, lors de son dernier congrès (il ne faut pas confondre le PSI avec le *nuovo* PSI, créé en 2001 – nettement déporté sur sa droite par rapport à l'ancienne formation et allié au mouvement *Forza Italia* dirigé par Berlusconi – qui se dissout lui aussi en 2010… pour se fondre dans la *Casa delle libertà*, alliance des droites créée par le *Cavaliere* !).

PCI d'Enrico Berlinguer[12] convinrent d'un rapprochement de leurs formations respectives à travers la participation au

[12] Le leader du PCI signa quatre articles dans le mensuel communiste *Rinascita* dans lesquels, tout en commentant le coup d'Etat du 11 septembre 1973 au Chili à l'origine du renversement dans le sang du Gouvernement Allende (leader du parti socialiste chilien associé à d'autres formations de gauche), il proposa, pour parer un éventuel *golpe* en Italie, ce compromis historique, c'est-à-dire le rapprochement entre la DC et sa propre formation. Il s'agissait de contrer la « stratégie de la tension » des années de plomb (1969-1980) théorisée par des activistes d'extrême droite, visant à provoquer, par la multiplication d'attentats aveugles (celui de Piazza Fontana à Milan en 1969, 16 morts, celui de la gare de Bologne, en 1980, 85 morts, pour ne mentionner que les plus sanglants), des troubles politiques propices à un renversement des institutions républicaines par l'armée. Notons, au passage, qu'à l'occasion de l'enquête menée suite à un attentat contre un commissariat à Milan en 1973, une loge maçonnique clandestine, la fameuse loge P2 (pour *Propaganda due*), dirigée par Licio Gelli, fut découverte. Lors d'une perquisition au domicile du « Grand Maître », les forces de l'ordre saisirent un « plan de renaissance démocratique » décrivant la stratégie à suivre pour la mise en place d'un gouvernement néo-fasciste et l'enquête permit également de découvrir la liste des membres de cette loge, parmi lesquels nombre de dirigeants des services secrets italiens, de juges, de politiciens, de militaires et d'hommes d'affaires généreux, parmi lesquels un jeune chef d'entreprise dénommé… Silvio Berlusconi.

Même si les attentats de masse furent l'apanage de mouvements néo-fascistes (citons par exemple *Avanguardia Nazionale*, *Movimento politico ordino nuovo*), les années de plomb italiennes révélèrent également un terrorisme d'extrême gauche, plus ciblé sur des personnalités du monde économique ou politique (avec notamment l'assassinat d'Aldo Moro, les Brigades Rouges s'opposant vigoureusement au PCI et donc au compromis historique qu'il scella avec le dirigeant démocrate-chrétien).

Si l'aile gauche de la DC, à travers la figure de son Président, Aldo Moro, accepta la main tendue par Enrico Berlinguer, Giulio Andreotti, leader de la composante de droite, la refusa très clairement, à l'instigation très probable du secrétaire d'Etat américain Kissinger. Aussi, l'expérience ne dura que trois années, de 1976 à 1979 (soit seulement un an après la mort d'Aldo Moro), avec l'instauration de gouvernements de *solidarietà nazionale*, mettant fin au quadripartisme antérieur mené par la DC, où les gouvernements successifs pouvaient compter sur l'appui des parlementaires communistes et de leur implication croissante (ils soutirent notamment les mesures d'exception contre le terrorisme, réprimant en vérité surtout l'extrême gauche), en vue de leur entrée ultérieure, mais toujours différée, au sein du pouvoir exécutif.

Notons que, selon un document présenté en 2000 (alors très controversé à droite) et publié en marge des travaux parlementaires par des députés *Democratici di Sinistra* (la formation principale de centre gauche ayant hérité du legs du PCI après sa dissolution en 1991, aujourd'hui dénommé *Partito democratico*), par ailleurs membres d'une commission sur les attentats des années de

gouvernement du parti marxiste le plus influent d'Europe occidentale[13]. Face à l'hostilité des partisans d'Andreotti, cette dernière n'advint jamais, le PCI se contentant d'appuyer les gouvernements dirigés par la DC. Le rapt et l'exécution par les Brigades Rouges d'Aldo Moro en 1978 mirent terme peu après à cette tentative inédite, le PCI se dissociant définitivement des gouvernements de *solidarietà nazionale* un an après.

En 1994, l'opération *Mani pulite* (mains propres), déclenchée suite au scandale de *Tangentopoli*, laissa l'Italie orpheline de la DC et du PSI. Le PCI, non impliqué dans ces affaires, avait anticipé en 1991, deux ans seulement après la chute du Mur de Berlin, cette disparition de la scène publique, en prononçant au Congrès de Rimini, ainsi que nous l'avons vu, son autodissolution. Trois des principaux partis politiques avaient presque subitement disparu. La forme « parti », en soi, était totalement discréditée. C'est l'avènement que ce que les journalistes ont (trop commodément) appelé la IIe République[14]. Il est vrai que les Italiens étaient alors excédés par les nombreux défauts du système antérieur : corruption, favoritisme, *lottizzazione*[15], instabilité gouvernementale chronique… L'ancienne classe politique avait pourtant été alertée du désaveu

---

plomb, les Etats-Unis, craignant une participation du PCI au pouvoir exécutif, auraient appuyé cette stratégie de la tension. Voir à ce propos : http://www.google.fr/url? sa=t&rct=j&q=documento%20ds%20pdf%20strategia%20tensione&source=web&cd=2&ved=0CCsQFjAB&url=http%3A%2F%2Fwww.misteriditalia.com%2Fstrategiatensione%2Fds%2FSTRATEGIA-TENSIONEdocumentoDS.pdf&ei=8ClHUM6dAtK0hAf_m4GABg&usg=AFQjCNEPIfNw59Owfcy6z4j0DarMNH38nw&cad=rja.

[13] Le PCI d'Enrico Berlinguer fut à la pointe, parmi les partis communistes occidentaux, de la dénonciation de la glaciation brejnévienne, forme édulcorée du stalinisme, après la mise à l'écart de Khrouchtchev. Cette dénonciation des dérives soviétiques, conjuguée à l'adaptation de la théorie communiste au parlementarisme occidental, fut synthétisée par Berlinguer dans le concept d'« eurocommunisme », à laquelle n'adhéra pas vraiment le PCF, alors dirigé par Georges Marchais (voir, sur ce point, Marc LAZAR, *Maisons rouges. Les partis communistes français et italien de la Libération à nos jours*, Paris, Aubier, 1992, 419 p.).

[14] Il n'en est en fait rien car la Constitution de 1947, certes plusieurs fois révisée, demeure en vigueur.

[15] Système légal permettant aux partis (principalement DC, PCI, PSI) de se partager les postes à responsabilité relevant de l'État.

de l'ensemble de ses électeurs, à l'occasion d'un référendum abrogatif sur la loi électorale de la chambre des députés en 1991, qui supprima la possibilité du vote préférentiel. Scrutin apparemment anodin, en regard d'une autre requête proposant la suppression de la proportionnelle au Sénat, mais qui avait été déclarée inadmissible par la Cour constitutionnelle[16] ; de ce fait, la question relativement anecdotique du vote préférentiel permit aux Italiens, en l'absence d'autre exutoire plus tangible, de manifester leur colère à travers des résultats sans équivoque : 95, 6 % approuvèrent la requête abrogative avec une participation de 62,5 % des inscrits. Le coup de semonce ne fut pas compris, le Parlement atermoyant pour réformer en profondeur le système électoral des deux assemblées parlementaires, en polissant au moins le « proportionnalisme » en vigueur, accusé à tort ou à raison de tous les maux. En 1993, une autre requête, mieux formulée, visant encore une fois la proportionnelle sénatoriale, fut déclarée admissible par la Cour[17]. Le résultat du référendum qui s'ensuivit fut sans appel : 82,70 % de « oui », la participation s'élevant à 77 %. Le Parlement dut alors aligner, dans le cadre d'un bicamérisme parfaitement égalitaire, les systèmes électoraux des deux assemblées, en consacrant un scrutin majoritaire uninominal à un tour pour trois quarts des sièges de députés et de sénateurs. Les anciennes coalitions et leurs piliers, la DC et le PSI, étaient définitivement condamnés. Le président de la République Francesco Cossiga en prit acte en prononçant la dissolution des deux chambres par décret du 16 janvier 1994.

C'est alors que Silvio Berlusconi, dans le discours devenu célèbre de la *discesa in campo* (descente sur le terrain, sur le champ de bataille)[18] retransmis tant par ses chaînes télévisées que par celles du groupe public de la *RAI* le 26 janvier 1994, décida

---

[16] Les jugements d'admissibilité de ces deux questions référendaires ont été simultanément rendus dans un seul arrêt (*sentenza*) n° 47 de 1991 de la Cour constitutionnelle, publié in *Gazetta Ufficiale* du 6 février 1991.

[17] *Sent.* n° 32/1991, publié in *G.U.* du 8 février 1993.

[18] On peut lire l'intégralité du discours *in* http://cini92.altervista.org/discorsoberlusconi.html. L'enregistrement télévisé est consultable sur http://www.youtube.com/watch?v=3OlQ762Qh-A. On peut aussi utilement se reporter, pour de plus amples explications sur la démarche politique alors entreprise, à http://it.wikipedia.org/wiki/Ingresso_in_politica_di_Silvio_Berlusconi.

de s'engager dans la compétition électorale, soit à peine deux mois avant les élections des 27 et 28 mars. Le leader du *Partito Democratico della Sinistra* (PDS, Parti démocratique de Gauche, dirigé par le dernier secrétaire général du PCI, Achille Occhetto) et la coalition des gauches qu'il avait mobilisée, quoique promis à la victoire, furent défaits par le *Polo delle libertà* mené par Berlusconi et constitué de *Forza Italia* (mouvement dont il avait annoncé la création dans son discours), *Alleanza nazionale* de Gianfranco Fini et la *Lega Nord* d'Umberto Bossi. Si *Forza Italia* prétendait récupérer l'héritage politique de la DC, l'alliance constituée autour de cette formation était pourtant fort hétéroclite. *Alleanza nazionale*[19] n'avait alors fait qu'un *aggiornamento* de façade, en débaptisant le *Movimento Sociale Italiano* (MSI) néofasciste fondé par Almirante, et la *Lega Nord* ne dissimulait ni son mépris profond vis-à-vis du *Mezzogiorno* ni sa xénophobie à l'égard des immigrés, à rebours des racines chrétiennes de la droite italienne. Par ailleurs, la tradition centralisatrice des héritiers du MSI s'accordait mal avec les velléités fédératrices de la Ligue. Ces contradictions et la défection de la *Lega Nord* acculèrent Berlusconi à la démission huit mois seulement après sa prise de fonction, en janvier 1995. Ce n'est qu'après six ans dans l'opposition qu'il prit, lors des élections de 2001, sa revanche, l'amenant, (première dans l'histoire de la République !) à la Présidence du Conseil pendant toute la durée de la XIVe législature.

2. Une réussite personnelle controversée

Il est indispensable, avant de décrire la spécificité de son action à la tête de l'exécutif, d'évoquer brièvement sa première carrière, en tant qu'homme d'affaires. Silvio Berlusconi n'est pas un héritier. Né en 1936, issu de la petite bourgeoisie milanaise (son père a commencé comme simple employé de banque pour

---

[19] La première intervention de Berlusconi dans la vie politique date de 1993, quand il annonça son soutien à Francesco Fini lors des élections municipales à Rome, opposé au candidat de gauche Francesco Rutelli, qui l'emporta finalement. La légende de son entrée spontanée en politique en janvier 1994 résiste donc peu à l'analyse, ce soutien préludant son alliance avec le mouvement de Fini.

finir cadre supérieur), *Sua Emittenza*, sa licence en droit en poche, débute sa carrière à 25 ans en tant que promoteur immobilier. Il fait fortune très rapidement en faisant sortir de terre, à la fin des années 1960, d'immenses complexes de luxe à Brugherio puis à Segrate, *Milano 2 et Milano 3*, à quelques encablures dans les deux cas de Milan. Il commence à diversifier ses activités une dizaine d'années plus tard en lançant une télévision câblée, également dénommée *Milano 2*, qui diffuse dans un premier temps ses émissions dans l'ensemble de la Lombardie pour être rebaptisée *Canale cinque*, quand il obtint en 1980 l'autorisation de diffusion par voie hertzienne sur l'ensemble du territoire national. Il tentera d'élargir son empire médiatique hors les frontières italiennes en créant trois chaînes télévisées en France (*La Cinq*), Allemagne (*Telefünf*) et Espagne (*Telecinco*), avec des fortunes d'ailleurs diverses. Il fonde dès 1978 sa holding, *Fininvest*, regroupant désormais, dans le secteur des médias, trois chaînes privées à diffusion nationale (*Rette quattro, Canale cinque, Italia uno*, intégrées dans le groupe *Mediaset*), deux régies publicitaires, l'une télévisuelle (*Publitalia*), l'autre cinématographique (*Medusa*), un groupe de production télévisuelle spécialisé dans la téléréalité (*Endemol*), la plus grande maison d'édition italienne (*Mondadori*), de très nombreux titres de presse écrite, mais aussi un groupe de services financiers dans le secteur des banques de détail et des assurances. Il devint par ailleurs propriétaire en 1986 du prestigieux club Milan AC, qui a contribué à accroître sa popularité dans un pays où le football compte des millions de tifosi.

La réussite très rapide de l'entrepreneur a rapidement nourri les soupçons quant à l'origine du financement de ses multiples sociétés. Une enquête a même été diligentée relativement à la provenance des fonds de la *Fininvest*, alimentés par des comptes suisses, mais Berlusconi, interrogé par le parquet, se réfugia derrière le secret bancaire, de sorte qu'il a été impossible de déterminer l'identité de ses « mécènes ». En 1999, Francesco Giuffrida, vice-directeur de la Banque d'Italie à Palerme, soutint, à l'occasion du procès dell'Utri[20], qu'il était impossible

[20] Marcello dell'Utri est un proche de Berlusconi, dont il fut longtemps l'un des cadres de sa régie publicitaire *Publitalia*. Cofondateur de *Forza Italia*, il entame

d'identifier la provenance de certains fonds de la *Fininvest* d'une valeur, à l'époque, de 113 milliards de lires (56 millions d'€), remis en espèces ou en chèques[21]. De fait, ces soupçons de blanchiment d'argent sale n'ont jamais été prouvés, Berlusconi s'étant toujours justifié en affirmant qu'il est un « homme qui s'est fait seul », doué de « capacités entrepreneuriales » dont le succès reposerait sur son « flair pour les affaires », sur son travail et une série de « circonstances fortuites » qui lui auraient garanti la confiance de différents financiers[22].

---

en 1996, dans le sillage de son mentor, une carrière politique en tant successivement que député (1996), parlementaire européen (1999) puis sénateur (2001). Mais ses nouvelles fonctions pâtirent rapidement des poursuites dont il fut l'objet pour complicité d'association mafieuse. Dell'Utri fut en effet suspecté d'avoir apporté son concours aux investissements de la mafia sicilienne *Cosa Nostra* dans la *Fininvest*, depuis la fin des années 1970. Condamné à neuf ans de prison par le Tribunal de Palerme à l'issue d'un procès de sept ans (jugement confirmé en appel), il sera finalement relaxé par une décision de la Cour de cassation en 2012 pour insuffisance de charges.

[21] Selon Bakchich info (à lire sur http://www.bakchich.info/international/2008/04/17/berlusconi-ne-craint-pas-les-fonds-mafieux-52364), « Deux documents de plusieurs centaines de pages, rédigés en 2000 par un fonctionnaire de la Banque d'Italie d'une part et un commandant de la DIA, la direction des enquêtes anti-mafia de la police transalpine de l'autre, ne laissent en effet aucun doute sur la collusion – au moins passée – du nouveau Président du conseil italien avec le crime organisé. Ils montrent qu'à l'origine de la fortune colossale du *« Cavaliere »*, il y a plus de 50 millions d'euros injectés en cash, par versements réguliers entre 1977 et 1985, dans la galaxie financière du groupe Fininvest, son empire télévisuel. Et ce, sans aucune justification. Même pas de fausses factures. Des dons au pays de Don Corleone ! Ces deux rapports accablants versés à la procédure pour *« concours externe à association mafieuse »* visant Marcello dell'Utri, l'ancien patron de la régie publicitaire du *Cavaliere* n'ont pourtant jamais pu être utilisés contre Berlusconi en personne en raison d'une modification du code pénal votée… sous le régime Berlusconi en 2001 ! ».

Par ailleurs, et sans que cela ne puisse constituer une preuve formelle, il est néanmoins troublant de constater que les territoires économiquement contrôlés par les différentes mafias italiennes (*Cosa nostra* en Sicile, *Camorra* en Campanie, *'Ndrangheta* en Calabre, *Sacra Corona Unita* dans les Pouilles) n'ont jamais fait électoralement défaut aux formations politiques dirigées par Berlusconi…

[22] http://web.archive.org/web/20060502180445/http://forzaitalia.it/silvioberlusconi/051_ citta.htm.

Selon le magazine américain *Forbes*, le *Cavaliere* était, en 2012, la 6e fortune italienne et la 169e fortune mondiale, avec un patrimoine estimé à 5 900 000 000 $[23].

3. Une confusion des genres assumée

Ce n'est pas ici le lieu pour décrire la politique classiquement néolibérale menée par le *Caïman* en tant que Président du Conseil pendant neuf ans, en ce qu'elle ne révèle finalement rien de spécifique, à l'horizon européen voire mondial, quant à la geste berlusconienne. Beaucoup d'autres pays ont expérimenté de telles politiques depuis les années 1980, à l'ombre des deux modèles de déréglementation mis en œuvre au Royaume-Uni et aux États-Unis, sous les noms de *Thatcheronomie* ou *Reaganomie*, néologismes créés sur la base des patronymes des deux anciens leaders britannique et américain ayant conceptualisé les prétendues évidences et incontestabilité de tels choix politiques. La victoire, au moins temporaire, de cette véritable idéologie (quoiqu'elle taise son nom) n'est en aucun cas une particularité transalpine. Les programmes de privatisation de pans entiers de secteurs anciennement publics, les exonérations multiples de charges sociales au profit du privé, l'abolition, totale ou partielle, des droits de succession, la réduction des prestations sociales ou des remboursements des dépenses de santé, la diminution des droits sociaux, pour ne prendre que quelques exemples emblématiques, ne sont pas l'apanage de l'Italie, d'autres pays — quelle que soit, d'ailleurs, l'appartenance politique de leurs gouvernants — semblant remiser au rayon des utilités le modèle keynésien de l'État Providence et la protection sociale qui en résulte.

L'Italie est en revanche le seul pays démocratique où le dirigeant d'un empire médiatique put accéder non seulement à la tête de l'exécutif, mais en profita, en outre, pour consolider ses propres affaires. Elle est le seul pays démocratique où la politique fut privatisée au profit d'un groupe économique dirigé par l'une des plus grandes fortunes nationales. La confusion des genres était en effet une marque de fabrique de Berlusconi qui n'eut de

---

[23] http://www.forbes.com/profile/silvio-berlusconi.

cesse, une fois arrivé au pouvoir, de faire voter des lois sur mesure pour échapper à la justice pénale et conforter son groupe. La liste serait longue à dresser de tels conflits d'intérêts permanents, mais on en présentera quelques exemples emblématiques. Berlusconi a en effet été à l'origine, quand il était Président du Conseil, de pas moins de 36 textes sur mesure ou « *ad personam* », selon Marco Travaglio[24]. Il est vrai que l'un de ses plus fidèles lieutenants et ami, Fedele Confalonieri, actuellement président de *Mediaset*, déclarait benoîtement au journal *La Repubblica* que « si [Berlusconi] ne s'était pas lancé en politique, s'il n'avait pas fondé *Forza Italia*, aujourd'hui nous serions sous les ponts ou en taule avec une accusation de mafia…[25] ». On peut classer ces lois « ad personam » en deux grandes catégories : celles visant à conforter les positions économiques des sociétés du *Cavaliere* et celles permettant au Président du Conseil ou à ses affidés d'échapper aux foudres de la justice, sous couvert de lutter contre les prétendues dérives des *toghe rosse*[26].

---

[24] M. TRAVAGLIO, *Ad personam*, Milano, Chiarelettere, 2010, p. 5. Laissons la plume à cet auteur, dont l'introduction de son ouvrage est édifiante : « C'est ainsi qu'en remontant dans le temps, j'ai découvert qu'au cours des seize dernières années, pas moins de 36 lois "ad personam" ont été approuvées en faveur de Berlusconi (entre celles qui ont été écrites spécialement pour lui et celles dont lui ou ses sociétés ont bénéficié). Plus 11 autres projets de loi qui ont avorté chemin faisant, soit parce qu'elles n'ont été approuvées que par l'une des deux branches du Parlement puis mises à l'écart pour diverses raisons, soit parce que les projets sont encore dans les tiroirs, prêts à être dégainés à la première occasion et menaçants comme une épée de Damoclès […]. Car la maladie sénile et incurable générée par le conflit d'intérêt, c'est d'abord la privatisation de la Justice. »
Le livre remarquable de Marco Travaglio explique quel serait le ressort véritable de l'entrée en politique de Berlusconi. L'endettement de son groupe atteignait, lors de son fameux discours de la « *discesa in campo* », 4 000 milliards de lires (2 milliards €). Les banques menaçaient alors de se désengager de ses affaires.

[25] Entretien paru in *La Repubblica* du 25 juin 2000 et consultable en ligne sur : http://ricerca.repubblica.it/repubblica/archivio/repubblica/2000/06/25/sinistra-giudici-rai-ora-basta-con-le.html

[26] Surnom péjoratif attribué par Berlusconi aux magistrats moins en raison des toges rouges qu'ils endossent que de leurs idées supposément communisantes, traduisible en français, avec une légère altération de sens, par juges rouges.

La préservation des intérêts économiques de l'empire médiatique du groupe *Mediaset* a fait l'objet de toutes les attentions de Berlusconi et de ses majorités parlementaires successives. Il faut notamment citer ici la loi dite Gasparri 2[27] [28], qui permit d'éviter la dissolution du groupe *Mediaset*, en contradiction avec une décision de la Cour constitutionnelle de 2002[29] qui avait jugé que la chaîne *Rete 4* devait disparaître du réseau hertzien pour être diffusée par voie satellitaire au plus tard le 31 décembre 2003. En attente de cette loi, Berlusconi avait préalablement signé un décret surnommé *salva Rete 4* (sauvetage de *Rete 4*) peu avant cette échéance, permettant une énième prorogation du canal télévisé. La loi Gasparri 2, très similaire à celle auparavant rejetée par le Président de la République, assura que la fréquence *Rete 4* ne dépassait pas le plafond antitrust puisque, dès le 30 avril 2004, 50 % des Italiens auraient eu la faculté de passer à la télévision numérique, leur garantissant une centaine de nouvelles chaînes[30]. *Rete 4* fut alors définitivement sauvée, l'autorité de la Cour constitutionnelle ouvertement bafouée au sommet de l'État, la position de *Mediaset* définitivement confortée. Le conflit d'intérêts était ici à son comble, d'autant que Berlusconi ne s'est pas privé, en tant que

---

[27] Loi n° 112 du 3 mai 2004, in *G.U.* du 5 mai 2004. Voir http://www.camera.it/parlam/leggi/04112l.htm.

[28] La loi dite Gasparri 1 de 2003 visait déjà à contourner la décision de la Cour constitutionnelle n° 466 de 2002, qui jugea, ainsi qu'elle l'avait déjà fait en 1994 (*sent.* n° 420/1994), qu'aucune personne morale de droit privé ne pouvait posséder plus de deux fréquences télévisées émettant par voie hertzienne. Le texte permettait en effet à la chaîne de continuer à diffuser, « quoique dépourvue de titre d'habilitation », puisqu'elle n'avait plus de concession depuis 1999. Le plafond antitrust de 20 % du total des canaux télévisés n'étant en effet plus calculé sur les 10 émetteurs nationaux, mais sur 15 émetteurs, y compris ceux à diffusion régionale comme la chaîne publicitaire *Telemarket*, ce qui permettait artificiellement à *Mediaset* de sauvegarder ses trois chaînes. Mais le Président de la République d'alors, Ciampi, refusa de promulguer la loi, car la jugeant inconstitutionnelle, ce qui obligea le Parlement à revoir sa copie.

[29] Voir note *supra.*

[30] En fait, seulement 18 % de la population put alors accéder effectivement au numérique, mais l'AGCOM (autorité de garantie des communications) fit une interprétation extensive de la réglementation en admettant qu'il suffisait que le signal numérique soit perçu dans une localité pour ne serait-ce qu'un canal pour considérer qu'elle était couverte par le numérique.

Président du Conseil, d'influencer considérablement la *RAI*, la radiotélévision publique italienne ; de sorte qu'aussitôt au *Palazzo Chigi* il contrôlait, en réalité, six chaînes télévisées[31].

Mais Berlusconi eut surtout pour obsession d'échapper à la justice italienne. Dès son entrée en fonction, il fit prendre par décret (dit Biondi) un texte par lequel il entendait exclure la corruption des cas passibles de détention préventive. Las, le tycoon, encore novice en politique, dut retirer prestement ce texte en juillet 1994, devant la levée de boucliers de l'opposition et d'une opinion publique exaspérée par les révélations du scandale *Tangentopoli*. Il ne commit plus par la suite telle erreur. Revenu à la tête du Gouvernement en 2001, *Sua Emittenza* fit voter une loi qui, sous couvert de ratification d'un accord bilatéral d'entraide judiciaire avec la Suisse, annulait en réalité les preuves recueillies à l'étranger suite à des commissions rogatoires émises par des magistrats italiens, y compris celles, bien évidemment, qui démontraient les corruptions de juges romains en charge de l'affaire Previti, avocat de Berlusconi et ancien ministre de la Défense[32]. Toujours en 2001, le Caïman fit voter par un Parlement largement acquis à sa « cause » l'autorisation de légiférer par décret législatif[33] pour adoucir substantiellement le délit de faux bilan, ce qui lui permit d'obtenir la prescription dans les procès où il était poursuivi à ce titre, malgré l'évidence, dénoncée par l'opposition de gauche, d'une législation au profit exclusif de ses intérêts personnels. Par ailleurs, le 6 décembre 2001, l'Italie vota seule contre le mandat d'arrêt européen et en bloqua l'approbation. Ce « non » italien ne

---

[31] Lire, à ce sujet, l'étude édifiante réalisée en 2003 par Soria Blatmann pour le compte de l'ONG Reporters sans frontières, « *Conflits d'intérêt dans les médias : l'anomalie italienne* », disponible en ligne sur : http://ar.rsf.org/IMG/pdf/doc-2070.pdf.

[32] Loi n° 367 du 5 octobre 2001, in *G.U.* du 8 octobre 2001. Voir http://www.camera.it/parlam/leggi/01367l.htm. Les tribunaux relevèrent néanmoins que cette loi contredisait toutes les conventions internationales ratifiées par l'Italie et, en raison de la supériorité des traités sur les actes internes, l'écartèrent en conséquence, la loi restant ainsi lettre morte. Cesare Previti fut finalement condamné, deux fois de façon définitive, pour corruption de magistrats, à cinq ans fermes d'emprisonnement.

[33] Décret législatif n° 61 du 11 avril 2002, *G.U.* du 15 avril 2002, consultable sur http://www.parlamento.it/parlam/leggi/deleghe/02061dl.htm.

concernait en réalité qu'une partie minime des infractions assujetties aux nouvelles règles : l'Italie du Gouvernement Berlusconi II voulait en effet uniquement exclure de cette liste la corruption, la fraude, le recyclage et les autres crimes financiers. Le Président du Conseil alla même jusqu'à prétendre que le mandat d'arrêt européen « mettait en péril les libertés individuelles », ne redoutant absolument pas de s'attirer les foudres des 14 autres États membres de l'Union européenne d'alors. Selon le journal *Newsweek*, Berlusconi craignait d'être arrêté par des juges espagnols dans le cadre de l'enquête sur sa télévision *Telecinco*. Le summum de la privatisation du politique fut cependant atteint en 2008 avec le *lodo Alfano*[34] prescrivant des dispositions relatives à la suspension du procès pénal vis-à-vis des plus hautes charges de l'État (Président de la République, président du Conseil, président de la Chambre des députés, président du Sénat). Il faut en effet rappeler que le *Cavaliere* était alors toujours poursuivi dans trois affaires : pour corruption de témoin, fraude fiscale et faux en bilan, prostitution de mineure et abus de pouvoir ! La Cour constitutionnelle frappa cependant le *lodo Alfano* d'inconstitutionnalité en 2009[35]. L'ancienne coalition gouvernementale prétendit néanmoins réintroduire par la fenêtre une protection pénale au bénéfice de Berlusconi. C'est ainsi que fut votée la loi n° 51 du 7 avril 2010[36] instituant, pour le Président du Conseil et les ministres, non plus une suspension du procès, mais un empêchement légitime à comparaître dans

---

[34] Loi n° 124 du 23 juillet 2008, in *G.U.* du 25 juillet 2008, consultable sur http://www.camera.it/parlam/leggi/08124l.htm.

[35] *Sent.* n° 262/2009 (*G.U.* du 21 octobre 2009), par laquelle la Cour avait prononcé l'inconstitutionnalité au regard des articles 3 (principe d'égalité) et 138 (règles relatives à la révision de la Constitution) de l'article 1er de la loi du *Lodo Alfano* en opérant un raisonnement typiquement syllogistique : toutes les prérogatives des organes constitutionnels, en ce qu'elles sont dérogatoires au principe d'égalité, doivent être établies par des normes de valeur constitutionnelle ; la norme censurée introduit une hypothèse de suspension du procès pénal qui se résout en une prérogative car elle est destinée à sauvegarder le fonctionnement régulier des certains organes constitutionnels ; il en résulte que la suspension du procès pénal doit être prévue par des normes de valeur constitutionnelle et non par une loi ordinaire, de ce fait censurée en sa disposition principale.

[36] *G.U.* du 8 avril 2010, consultable sur http://gazzette.comune.jesi.an.it/2010/81/1.htm.

une audience pénale, afin d'assurer le déroulement serein de leurs fonctions. Les nouvelles dispositions de cette loi devaient s'appliquer jusqu'à l'approbation d'une réforme constitutionnelle (jamais advenue), dite *Lodo Alfano costituzionale*, au plus tard dix-huit mois après leur entrée en vigueur. La manœuvre échoua face au tollé qu'elle suscita et qui se traduisit institutionnellement par l'un des référendums abrogatifs du 12 juin 2011 dont le résultat sans appel anticipa la chute du Berlusconi[37] : plus de 54 % de participation des inscrits (déjouant une abstention souvent suscitée par Berlusconi les années précédentes) et une victoire éclatante du « oui » s'établissant à 94, 62 %[38]. L'importance symbolique du référendum sur l'empêchement légitime n'est bien évidemment pas à négliger. Ce scrutin marqua le profond rejet de la personnalité même de Silvio Berlusconi, pourtant longtemps présenté comme l'homme providentiel italien par excellence.

4. Berlusconi ou l'illusion démocratique

Le portrait que l'on vient brièvement de brosser oblige à constater que le phénomène Berlusconi n'est pas un accident de l'Histoire italienne. Pendant quasiment deux décennies, cet homme, qui se plaisait en 1994 à stigmatiser l'ancienne classe dirigeante largement discréditée par le scandale de *Tangentopoli*, a pu, à son aise, nouer et dénouer les fils du jeu politique sans sa popularité n'en soit, pendant longtemps, véritablement érodée. Qu'il fût au pouvoir ou dans l'opposition, il était en réalité au centre de l'échiquier politique, les feux de la rampe s'éteignant

---

[37] L'année 2011 constitua en effet une véritable *annus horribilis* pour le *Cavaliere* et ses partisans. Défection de Fini et d'une partie de ses troupes, déroute aux municipales des 29 et 30 mai 2011, défaite historique aux référendums en juin, scandales judiciaires à répétition, affaires de mœurs… Cette scansion pénible, digne d'un véritable *soap opera*, s'achèvera avec la démission de Berlusconi le 12 novembre 2011, acculé par les marchés financiers dans un contexte inédit de crise économique et suite à la perte de sa majorité absolue à la Chambre des députés. Les Italiens furent ensuite dirigés par un gouvernement technique, mené par l'économiste Mario Monti, soutenu au Parlement par les deux partis les plus importants des deux pôles, le Peuple des libertés à droite, le Parti démocratique à gauche.

[38] Cf. http://fr.wikipedia.org/wiki/Référendum_abrogatif_de_2011_en_Italie.

d'autant moins qu'il les alimentait constamment par le truchement de ses propres médias. Si, comme nous le postulons ici, la longévité de son aventure politique n'est pas accidentelle, reste alors à s'interroger sur ses raisons.

On a essayé de le démontrer, Berlusconi a bénéficié d'un formidable concours de circonstances, au moment où la classe dirigeante était emportée par les scandales et où l'État apparaissait, par ricochet, profondément délégitimé. Alors que ses affaires étaient mises en péril, le Caïman a investi le champ politique comme un aventurier, en véritable *Condottiere*, agitant le chiffon du péril rouge et offrant comme alternative le miroir narcissique de sa propre réussite. On ne peut négliger ici l'absence de tradition historique d'un État fort en Italie ; l'Italie n'a célébré, plutôt discrètement d'ailleurs, son 150e anniversaire qu'en 2011. La conscience de l'État reste encore à forger, la seule trace d'un État fort, l'Italie fasciste de Mussolini, faisant bien sûr figure de contre-modèle. L'individualisme et la prégnance des valeurs familiales inspirées par l'Église catholique sont des éléments structurants particulièrement forts en matière politique qu'avait su faire fructifier la DC et qu'a su récupérer à son profit Berlusconi en 1994. Par ailleurs, nous l'avons vu, au début des années 1990 les anciennes structures partisanes s'écroulent une à une, soit en raison de facteurs exogènes (la révélation de la corruption politique touchant de plein fouet la DC et le PSI), soit, pour la PCI, en raison de la chute du mur Berlin et, très peu de temps après, de l'Empire soviétique qui provoquèrent sa dissolution). Face au délitement de l'État, miné par l'écroulement des anciennes élites politiques, l'exaspération du citoyen italien lambda était à son comble. Berlusconi eut alors l'intuition qu'une place est à prendre et que la victoire promise au centre gauche, menée par les héritiers du défunt PCI n'était pas inéluctable. Sa *Blitzkrieg* de 1994 est un modèle du genre. Le coup d'essai est, il est vrai, un coup de maître. Conscient du discrédit touchant l'ensemble des structures partisanes, il invente le premier parti-entreprise des démocraties occidentales. *Forza Italia*, sa première formation politique, n'est en effet qu'un décalque de ses sociétés commerciales. Ses cadres dirigeants sont d'ailleurs issus de *Publitalia*, les techniques de propagande politique sont directement inspirées du marketing. La très courte campagne électorale (deux mois) qui suit sa déclaration télévisée permettra de mettre à l'épreuve les techniques constamment réutilisées pendant dix-sept ans : discrédit de l'adversaire (le centre gauche étant systématiquement assimilé à l'ancien totalitarisme soviétique), présentation de l'homme providentiel, novice en politique et prétendument désintéressé du fait de sa fortune personnelle, discours libéral exaltant les valeurs de la libre initiative et de la famille d'une part ; fédération de toutes les droites, réunissant les antipodes postfascistes (*Alleanza nazionale*) et néofédéraliste (la *Lega Nord*), et récupération du discours chrétien-démocrate exaltant les valeurs familiales d'autre part. Le matraquage des télévisions de son groupe *Mediaset* fut suffisant pour renverser la donne. Mais l'analyse ne pourrait bien sûr se limiter à cette alchimie réussie de 1994. On l'a dit, la première expérience fut éphémère, huit mois seulement suffisant à la coalition du *Polo delle libertà* pour se désagréger, traversée qu'elle était par ses contraires. La raison de la réussite politique de Berlusconi ne peut dès lors se limiter à la fulgurance de son intuition originelle.

L'utilisation des médias de son groupe est certes déterminante, même si, il est vrai, elle n'a pas prémuni Berlusconi contre les défaites électorales. Elle n'est cependant pas l'unique clef explicative, car « la théâtralisation d'une symbolique n'est pas une nouveauté des temps actuels, même si les moyens télévisuels offrent de puissantes capacités de mise en images et de diffusion élargie[39] ». L'analyse que fait Pierre Musso de « l'entreprise-spectacle en politique »[40] apparaît en tout point pertinente. Berlusconi (comme Sarkozy d'ailleurs) a su réaliser la synthèse conservatrice de la protection des valeurs catholiques et de l'invocation constante de l'ordre d'une part et, d'autre part, de l'importation au cœur de l'État de l'idéologie néolibérale. Par ailleurs, ses sorties fracassantes, complaisamment relayées par *Mediaset*, contre les juges, contre l'opposition, contre d'hypothétiques ennemis de l'intérieur

---

[39] P. MUSSO, *Sarkoberlusconime, la crise finale*, Paris, Éditions de L'Aube, 2011, p 12.

[40] P. MUSSO, « Berlusconi, l'entreprise-spectacle en politique », *Revue Medias* n° 1, en ligne sur http://www.revue-medias.com/berlusconi-l-entreprise-spectacle,186.html.

(notamment la Cour constitutionnelle ou le président de la République, pourtant garants de la Constitution, avec lesquels les rapports furent particulièrement tendus) comme de l'extérieur (l'Europe), ont consciemment pour objet de susciter des clivages, consistant, comme l'écrit Pierre Musso, « à enfermer le débat public entre des choix binaires[41] » et plaçant le *Cavaliere* en position centrale, que l'on en soit partisan ou que l'on aime à le détester. De sorte que, faiblesse programmatique de la gauche oblige, l'alternative politique se réduit à un front anti-Berlusconi, politiquement inefficace, voire contre-productif, l'intéressé faisant son miel d'une position victimaire savamment entretenue.

L'utilisation de l'image n'est bien évidemment ni innocente ni fortuite. Berlusconi fit sciemment échapper le politique au champ du rationnel pour le cantonner volontairement dans celui de l'imaginaire. L'illusion démocratique trouve ici son fondement. Le verbe fait figure d'action, l'insulte d'argumentaire. En définitive, l'État est détruit de l'intérieur, puisque ce sont les talents du manager qui se substituent à la réflexion longue de l'homme politique responsable. Il s'agit de créer incessamment du mouvement, ou plutôt l'illusion du mouvement, dans le but d'étourdir le citoyen, qui est en fait dépossédé de sa conscience et de sa qualité d'acteur politique, réduit qu'il est au rang de simple spectateur et consommateur. Analysant la puissance des relais médiatiques de Berlusconi, Pierre Musso estime que « si la télévision a joué un rôle dans le succès politique de Berlusconi, c'est moins comme un instrument de manipulation, que comme modèle de machine à "fictionner une société", la "néo-télévision" de Berlusconi [jouant) donc un rôle majeur, mais indirect, dans son dispositif de conquête du pouvoir», l'invariant des deux carrières du *Cavaliere* étant « sa capacité à faire rêver le consommateur »[42]. Mais ce « rêve » permet, dans l'intervalle, d'œuvrer dans le sens d'une transformation en profondeur de l'État et de son rôle. En effet, en supprimant les frontières entre privé et public, l'illusion berlusconienne accompagne « la dérégulation » généralisée du politique par l'antipolitique et de l'économie par la libéralisation,

---

[41] P. MUSSO, *Sarkoberlusconime*, *op. cit.*, p. 8.

[42] P. MUSSO, « Berlusconi, l'entreprise-spectacle en politique », *op. cit.*

l'antiétatisme étant la marque de fabrique irréductible de l'homme d'affaires que Berlusconi n'a jamais cessé d'être.

L'instrumentalisation des médias, le *storytelling*, le mouvement frénétique érigé en action publique n'ont pas été la plaie de la seule Italie. Ils ont également irrigué la politique française durant ces cinq dernières années. Mais, de même que le tycoon transalpin a finalement lassé ses spectateurs fin 2011, l'histrion français a finalement quitté le pouvoir quelques mois après, comme si Berlusconi et Sarkozy avaient épuisé leur force innovante, leur production fictionnelle comme *maschera* de leur véritable action : la transformation néolibérale de l'État. Néanmoins, l'un comme l'autre laissa des traces durables dans la conscience du temps politique. S'intronisant demiurges et omniscients, ils ont, qu'on le veuille ou non, durablement installé l'impression erronée d'une omnipotence illusoire. L'accélération du temps médiatique qu'ils ont suscitée a eu pour conséquence la substitution de l'annonce de l'action publique à sa concrétisation, du message à la raison, de l'émotion compassionnelle à la réflexion. De sorte que le retour à la normale ne peut se faire sans heurt et que, paradoxalement, les anciens spectateurs/consommateurs peuvent se trouver en manque de l'ancien spectacle. Gardons cependant en mémoire, pour l'inverser, l'aphorisme de Marx, dans *Le 18 brumaire de Louis Bonaparte*, selon lequel les événements de l'Histoire se répètent deux fois, la première fois comme tragédie, la seconde fois comme farce…

LE GOUVERNEMENT TECHNIQUE OU LA DÉMOCRATIE SANS LE PEUPLE

Mario Monti a été appelé fin 2011 par le président de la République Giorgio Napolitano, peu après que ce dernier l'eut nommé sénateur à vie, pour former un gouvernement technique, appelé à redresser les comptes de la nation, mis à mal par la gestion désastreuse de son prédécesseur, Silvio Berlusconi. Ce dernier, acculé à la démission, sous la pression conjuguée des marchés financiers et d'une grande partie de la population, excédée de ses frasques multiples, n'avait pourtant pas perdu sa majorité parlementaire.

À l'heure où Monti fut appelé, le *spread*, c'est-à-dire l'écart entre les taux d'intérêt consentis à l'Allemagne et ceux accordés à l'Italie, était à son paroxysme. L'universitaire réservé avait pour mission de former une coalition très large, transpartisane, ce qu'il fit sans difficulté puisqu'il fut soutenu par la quasi-totalité des forces politiques en présence, à l'exception de la Ligue du Nord. Quand il demanda aux deux chambres la confiance à son gouvernement, uniquement composé de techniciens (son gouvernement comptait sept professeurs d'université sur treize ministres) n'ayant jamais appartenu à aucune formation politique, il obtint le plus grand nombre de voix jamais constaté depuis la fondation de la République en 1947. Les voisins européens se sentirent soulagés, car si l'économie italienne plongeait, la zone euro, fortement ébranlée déjà par les turbulences grecques, aurait alors définitivement vécu.

Par ailleurs, la cote de popularité du *Professore* atteint très vite des records. Largement soutenu, il mit en œuvre une politique d'austérité qui, si elle fut tout d'abord approuvée par l'opinion, fit rapidement sentir ses effets récessifs, les classes moyennes et populaires étant les plus exposées. Les Italiens, pourtant traditionnellement europhiles, semblèrent tenir rigueur à l'Allemagne et à la Commission de la potion amère subitement ingurgitée, ainsi qu'on put le constater au vu des élections législatives et sénatoriales d'alors. Un motif apparent d'étonnement, surtout pour les analystes étrangers, résidait dans la contre-performance dans les urnes de Mario Monti, qui stagna à 9 % des suffrages, après une campagne décrite comme calamiteuse. Comme si, subitement transformé en homme politique classique, il avait dans le même mouvement perdu tout crédit. Les éditorialistes européens ont stigmatisé les Italiens, coupables d'avoir rendu l'Italie ingouvernable. La spectaculaire remontée du PdL (*Polo della Libertà*) de Berlusconi et de ses alliés, autour de 30 %, à quelques dizaines de milliers de voix de la coalition de centre gauche menée par Pier Luigi Bersani, conjuguée à la performance du Mouvement 5 étoiles de Beppe Grillo, qui sut convaincre un électeur sur quatre, inquiétèrent.

La loi électorale alors en vigueur, qualifiée, dès sa promulgation en 2005 par son propre auteur Calderoni, ministre de la Ligue du Nord dans un gouvernement Berlusconi, de *porcata* (cochonnerie), rendit, de fait, l'Italie ingouvernable. Si le centre gauche, malgré une victoire étriquée, bénéficia d'une confortable majorité à la chambre des députés, en raison d'une prime majoritaire accordée au niveau national, il compta, malgré sa courte avance en suffrage, quelques sièges de sénateurs de moins que le PdL, les primes majoritaires étant accordées, pour la chambre haute, au niveau régional. L'Italie étant l'un des rares exemples de régime parlementaire à bicamérisme égalitaire, tout gouvernement doit se voir investi tant par la Chambre des députés que par le Sénat. Or, le Parlement nouvellement composé souffrit à l'évidence d'un strabisme divergent, mettant tout gouvernement, ne pouvant compter au Sénat que sur une majorité relative (dans l'hypothèse d'une coalition entre le centre gauche et les sénateurs du mouvement de Monti), à la merci d'un inévitable vote de défiance.

Après la Grèce, l'Italie serait devenue le nouvel homme malade de l'Europe. Pourtant, fin 2011, la sortie sous les huées de Berlusconi et la nomination consécutive de Monti semblaient être l'unique solution. Le Président Giorgio Napolitano aurait pu certes dissoudre les deux chambres, mais aucune formation politique ne le souhaitait vraiment, ni la gauche ni la droite n'étant prêtes pour la compétition électorale. Et puis l'Italie avait déjà, dans le contexte politique tourmenté des années 1990, expérimenté les gouvernements techniques menés par Dini ou Ciampi. Pourtant, le Gouvernement Monti est le seul à n'avoir compté en son sein que des technocrates, les précédentes expériences mêlant de hauts fonctionnaires à des personnalités politiques. Si l'on ne peut mettre exclusivement sur le compte du Gouvernement Monti la situation politique apparemment inextricable issue des dernières élections, on peut en revanche esquisser la critique d'une fausse bonne idée institutionnelle. En réalité le gouvernement technique apparaît à nos yeux comme l'acte III de la démission du politique.

L'acte I est ancien. Il réside dans la théorie de la représentation, idée largement plus libérale que démocratique. La croyance selon laquelle la démocratie représentative est la seule possible est erronée, quoique savamment entretenue. La théorie de la représentation n'était qu'une des solutions possibles dans l'aménagement institutionnel de la démocratie moderne. Elle est le prolongement, dans le champ juridique et, plus spécifiquement, constitutionnel, des idées politiques de John Locke et de Montesquieu. On sait que Rousseau était farouchement opposé à la représentation. « Toute loi que le peuple en personne n'a point ratifiée est nulle », écrivait-il dans le *Contrat social*, citation devenue célèbre. Or, la représentation consiste précisément en le contraire. Elle se résout, en dernière analyse, comme la dépossession du droit politique détenu par chaque parcelle de souveraineté, c'est-à-dire par chaque citoyen, au profit de son mandataire, le représentant. L'idée même, d'ailleurs, de mandat politique, repose sur une ambiguïté sémantique consciente. Le mandat que détient un parlementaire n'a en effet de mandat que le nom. Le mandat juridique postule, depuis le droit romain, sa révocabilité *ad nutum*. Le mandataire en lequel le mandat n'a plus confiance est aussitôt révoqué, c'est-à-dire déchu, destitué de son titre. La représentation postule au contraire que le mandat impératif est nul, c'est-à-dire que le représentant n'a aucun compte à rendre de l'exercice qu'il fait de son mandat. Viendrait-il à trahir systématiquement tous ses engagements politiques qu'il ne serait en aucun cas destituable. La représentation postule l'irresponsabilité politique. Dans la théorie pure de la représentation, heureusement jamais appliquée, le parlementaire ne pourrait revenir devant ses électeurs, la faculté de se représenter aux élections étant exclue, afin, précisément, d'assurer sa totale liberté. Cette théorie a été couplée en France avec l'invention du concept de Nation. Le parlementaire n'est en effet pas censé représenter ses électeurs, mais la Nation tout entière. Invention géniale de la Révolution bourgeoise, la souveraineté est transférée des mains d'une personne physique, le monarque, dont la légitimité est essentiellement théologique, à une abstraction conceptuelle, la Nation, communauté des vivants et des morts disait Renan dans son discours *Qu'est-ce que la Nation* ? à la fin du XIXe siècle, afin de cantonner le peuple à sa juste place. Conjoncturellement utile, lors des journées révolutionnaires, il devient politiquement gênant. Son irréductible poussée sur la scène politique obligeait pourtant à ce qu'on lui fît une place, fût-elle modeste, consistant en la sélection de la nouvelle élite politique.

Qu'il soit permis de faire un pas de côté à ce propos. Si on analyse l'expression « démocratie représentative », on perçoit, on le sait ou le sent, qu'elle contredit même le terme de démocratie. Dès lors qu'on qualifie ce qu'on croit être un concept, ce n'en est plus un. Dès lors qu'on qualifie de « représentative » la démocratie, cette dernière n'est plus, s'efface. Un concept en effet se suffit à lui-même en ce qu'il est *seulement* substantif, non accompagné d'un quelconque qualificatif. Il est, pourrait-on dire, autosuffisant. Répétons : dès lors qu'on qualifie le substantif démocratie, on le vide de son sens. On lui donne une acception propre, différente du terme démocratie : la démocratie représentative est en fait une oligarchie par délégation de volonté. Délégation au moyen du procédé de l'élection, soit de sélection non plus par le sang ou par la fortune, mais par la supposée expertise du représentant. Chose que, on le sait, critique radicalement Rousseau, on l'a dit, dans le *Contrat social* qui énonce cette formule très célèbre que l'on doit de citer à présent exhaustivement : « La souveraineté ne peut être représentée, par la même raison qu'elle ne peut être aliénée. La volonté ne se représente point : elle est la même ou elle est autre. Il n'y a point de milieu. Toute loi que le peuple en personne n'a pas ratifiée est nulle. Ce n'est point une loi. »

Bernard Manin explique que les démocraties représentatives sont issues d'une forme de gouvernement, représentatif, qui n'était pas conçu en tant que tel par ses fondateurs comme démocratique[1]. Deux des plus grands protagonistes des Révolutions américaine et française, Madison et Sieyès, considéraient que le système représentatif mettait à distance la décision politique des passions populaires. Benjamin Constant considérait lui que cette professionnalisation de la politique permettait la jouissance paisible d'une indépendance privée, loin du politique : « le but des Anciens était le partage du pouvoir social entre tous les citoyens d'une même patrie. C'est là ce qu'ils nommaient liberté. Le but des Modernes est la sécurité dans les jouissances privées ; et ils nomment libertés les garanties accordées par les institutions à ces jouissances[2]. »

D'autant enfin que son appréhension moderne (Hobbes, puis Locke et Montesquieu) est antécédente à la réflexion sur la démocratie, et que son exercice a pu fort bien s'accommoder de l'exclusion sociale, à travers le suffrage censitaire. On pourrait objecter que le problème n'a plus lieu d'être, la représentation s'étant « fondue » dans la démocratie lors de l'instauration du suffrage universel.

Pourtant, dans la rigueur de l'acception, la représentation n'est pas en soi démocratique, puisqu'à la sélection par le sang, puis par la fortune, s'est substituée la sélection par la compétence (présumée), voire l'expertise politique, on a pu le voir précédemment dans *Les Lois*, décrivant la Cité idéale platonicienne à propos des « gardiens des lois ». L'élu est, dans le monde politique, un « sachant », capable de maîtriser les sujets les plus techniques, faculté dont serait en revanche dépourvu le peuple.

Dès lors la compétence, l'appréhension technique du politique, son vocabulaire propre ne rétabliraient-ils pas un cens caché, selon l'expression célèbre de Daniel Gaxie[3]) ou, dans le

---

[1] B. MANIN, *Principes du gouvernement représentatif*, Paris, Flammarion, coll. « Champs Essais », 2012.

[2] B. CONSTANT, *De la liberté des Anciens comparée à celles des Modernes*, *in De la liberté des Modernes*, Paris, Hachette, coll. « Pluriel », 1980, p. 502.

[3] D. GAXIE, *Le cens caché. Inégalités culturelles et ségrégation politique*, Paris, Seuil, 1978.

même ordre d'idées, un moyen de « domination spécifique » ainsi que l'affirme Pierre Bourdieu[4] (Langage et pouvoir symbolique, Paris, Fayard, 2001). Selon ce dernier, les catégories les plus défavorisées sont « condamnées à la délégation, cette dépossession méconnue et reconnue des moins compétents en faveur des plus compétents[5] ».

Le droit politique se résout en effet dans le système représentatif, dans le procédé électif, en ce sens que le citoyen épuise ses droits dans le choix de son représentant durant toute la durée du mandat. Certes, les XIXe et XXe siècles ont apporté d'autres droits politiques, tout ne se résorbant plus dans les cercles clos des hémicycles parlementaires. D'autres droits sont apparus, sociaux, syndicaux, faisant émerger le concept de démocratie sociale. Le peuple se fait également parfois visible dans la rue, les droits de manifestation et de grève ayant été sacralisés. Par ailleurs, l'insertion au sein de régimes parlementaires de procédés de démocratie semi-directe, tel le référendum, brouille les repères traditionnels de la démocratie représentative. Mais, pour l'essentiel, il n'est pas erroné d'affirmer que les droits politiques du citoyen s'épuisent globalement à l'occasion de chacun de ses votes[6].

L'acte II de la dépossession du politique est plus récent. Confrontés à la faiblesse, dans l'entre-deux-guerres, des démocraties parlementaires, certains juristes européens de renom, Mirkine-Guetzévitch, Carré de Malberg et Kelsen notamment, ont proposé un rééquilibrage institutionnel, constatant que la souveraineté était captée par le Parlement, entraînant souvent un blocage institutionnel du fait de la faiblesse de l'exécutif, structurellement dépendant des assemblées. Il s'agissait, pour ces publicistes, de donner au Gouvernement les

---

[4] P. BOURDIEU, *Langage et pouvoir symbolique*, Paris, Fayard, 2001.

[5] P. BOURDIEU, « La représentation politique ; éléments pour une théorie du champ politique », *Actes de la recherche en sciences sociales*, n° 36-37, 1981, pp. 3-24.

[6] Pour une critique radicale de la représentation, qu'il soit permis de renvoyer à J. GIUDICELLI, « La représentation en question », *in* A. ZABALZA (dir.), *Mélanges en l'honneur du Professeur Jean-Marc Trigeaud. Les personnes et les choses. Du droit civil à la philosophie de l'État*, Bordeaux, Bière, 2020, pp. 812-830.

moyens d'œuvrer efficacement dans le temps, en cantonnant les prétentions parlementaires. Las. En fait de rééquilibrage, le parlementarisme rationalisé a, tel le pendule de Foucault, déplacé l'épicentre du pouvoir vers l'exécutif, le Parlement étant réduit aux utilités. L'essentiel des textes de loi est l'œuvre de l'exécutif, le travail parlementaire est dicté par le tempo décidé par le gouvernement, le contrôle populaire effectué par le parlement n'est souvent plus que théorique. L'avantage d'une telle mise au pas du pouvoir législatif réside dans la stabilité ministérielle dont l'Italie, il est vrai, fut longtemps dépourvue, les crises ministérielles se succédant, jusqu'à il y a peu. C'est que la greffe du parlementarisme rationalisé n'a pas autant pris qu'en France. En tout état de cause, le représentant classique, le parlementaire, qui avait, dans les termes décrits plus haut, dépossédé le citoyen de l'essentiel de ses droits politiques, se voit à son tour, depuis plus 1958 en France, dépossédé de ses prérogatives essentielles, au profit d'un exécutif fort influencé par la technostructure administrative, ainsi que le décrivit Jacques Ellul dans son *Illusion du politique*.

Nous prétendons ici que l'apparition institutionnelle du Gouvernement technique constitue l'acte III de la démission du politique. Sur quoi en effet repose cette novation institutionnelle ? Essentiellement sur l'idée technocratique d'un gouvernement des meilleurs, d'une épistémocratie, d'un exécutif dirigé par des professionnels désintéressés ne se mêlant pas de politique politicienne. Idée en réalité profondément pernicieuse. On postule que le politique doit être extrait de la gangue de la contingence des luttes partisanes. En réalité, on éloigne encore plus les citoyens de la décision politique, en ce sens que c'est dorénavant l'expertise qui doit diriger. De fait, les techniciens nouvellement promus à des postes ministériels voient leur rôle profondément évoluer. De conseillers, ils deviennent acteurs. Le spécialiste supplante le généraliste au nom du savoir. Or, le politique doit au contraire se défier de la spécialisation de l'expertise. Si la solution présentée par l'expert n'est plus une alternative proposée, mais devient décision politique, on assiste alors à l'éclatement du postulat démocratique. S'il n'y a de choix que nécessaire, incontournable, parce que proposé par les sachants, c'est qu'il n'y a plus de choix. Si de surcroît l'expertise des sachants n'est plus propositive mais décisionnelle, si donc on nie à la racine l'idée même d'une alternative politique, en une cristallisation d'une doc économique, imposée d'ailleurs de l'outre-champ du politique : dogme libéral, voire ultralibéral, présenté comme inéluctable, et partagé par la doctrine dominante universitaire, par les institutions financières internationales, qui ont fait triompher leurs vues dans les lieux de pouvoirs que sont, par exemple le FMI ou la Commission européenne.

On rétorquera que le gouvernement technique passe, comme tout gouvernement, par la légitimation reçue de la confiance accordée par le parlement. Dieu merci. Mais la belle affaire... L'unanimisme du soutien des parlementaires au Gouvernement Monti corrobore tout au contraire ce que nous disions plus haut. Si droite et gauche réunies applaudissent à la cure d'austérité proposée, on peut alors se demander où est la part de choix, où sont les divergences idéologiques, où réside enfin le politique ? pourquoi donc s'opposeraient-ils ? Dès lors, les élections ultérieures ne risqueraient-elles pas d'apparaître comme un simulacre ?

Nous avançons ici, au contraire de l'avis presque unanime des faiseurs d'opinions, que le populisme qui se fait jour non seulement en Italie, mais partout en Europe, voire dans le Monde, ne naît pas *ex nihilo* de l'inconséquence des Italiens, mais de l'exaspération d'une absence de politique, d'idéologie, de choix. C'est paradoxalement l'institution d'un gouvernement de techniciens qui a créé, *nolens volens*, cette montée du populisme, à l'instar en Italie du parti de Beppe Grillo. Des analystes ont par ailleurs démontré que le Mouvement cinq étoiles a séduit prioritairement la jeunesse, qui se serait portée majoritairement alors, en son absence, sur la coalition de centre gauche. On a stigmatisé cet acteur apparu à l'orée de la décennie 2010 (dont il est vrai que certaines des propositions, telle l'interdiction des syndicats, rappelèrent les heures sombres de l'histoire de la péninsule), sans s'apercevoir que, derrière l'éclectisme programmatique, se cache un réel programme institutionnel, comme celui qui se fit jour, en France, lors de la crise des gilets jaunes. Recours au référendum propositionnel (référendum d'initiative citoyenne en France), démocratie participative fondée sur le réseau internet sont autant de mesures qui visent à fait à réhabiliter le politique, hors le cercle classique et restreint de la représentation politique. Populisme ou réinvention du politique ? Méfions-nous des mots sans consistance conceptuelle qui visent à discréditer plus qu'à décrire un phénomène politique, par pure paresse intellectuelle, par commodité convenue et, en fait, par mépris viscéral de l'exaspération politique.

Il est à craindre, aujourd'hui, que l'on se méfie par trop de l'émergence du peuple en politique. Rappelons-nous un autre événement marquant. En 2011, il y a comme une éternité, le Premier ministre grec d'alors, Georges Papandreou, proposa un référendum sur le plan d'austérité proposé par le FMI et la Commission. Réaction outrée des partenaires européens, au premier rang desquels l'Allemagne d'Angela Merkel, la France de Nicolas Sarkozy. Que le peuple grec se prononce sur la seule solution possible ? Irresponsabilité ! La zone euro n'aurait pu alors s'en remettre prétendit-on. Papandreou, humilié, remisa son projet avant de démissionner. Le gouvernement qui suivit fut également technique. Il n'y avait plus à débattre. La Grèce, inventeur de la démocratie, était ravalée au rang de pays subordonné. L'Europe des marchés réinventa la souveraineté limitée des pays satellites de l'URSS. Exagération ? Pas tant… Pourtant le peuple grec descendit dans la rue, se débattit, comme il le fit plus tard pour soutenir le gouvernement Tsípras. Démission du politique ! La potion amère doit être bue. Il était à craindre alors de voir les débordements politiques se traduisant par l'intrusion institutionnelle, sur la scène politique, d'un parti d'extrême droite se revendiquant ouvertement du nazisme. Et ce fut le cas.

Parallèle insoutenable ? Non pas. Spectre inéluctable de l'insouciance de l'expertise, de l'arrogance d'un prétendu savoir se défiant du regard sourcilleux du peuple. Le gouvernement technique en tant que solution institutionnelle signe la fin temporaire du politique, la négation de la démocratie. Mais l'Histoire des peuples a plus d'imaginaire même si, pour ce faire, elle prend des voies détournées. Alors, de grâce, cessons les leçons à l'emporte-pièce sur l'irresponsabilité structurelle d'un peuple, le peuple italien prétendument immature. Crise institutionnelle préludant à l'instauration d'un gouvernement technique ? Oui. Populisme exacerbé ? Peut-être, mais réversible. Il s'agit bien plutôt d'une réponse exacerbée et réactionnelle dont il s'agit, aussi en France, de comprendre la leçon. La ruse de l'Histoire dont nous entretenait Hegel marque la soif de politique d'un peuple avide d'innovation politique, de peuples avides d'innovations, tant en Italie qu'en France.

DE LA BÊTE POLITIQUE À *LA BESTIA* NUMÉRIQUE. L'UTILISATION DES RÉSEAUX SOCIAUX PAR MATTEO SALIVINI ET LA LIGUE

Nous connaissons tous les paroles prophétiques de Gramsci : « Le vieux monde se meurt, le nouveau monde tarde à apparaître et dans ce clair-obscur surgissent les montres ». La citation de Bertolt Brecht n'est pas moins célèbre : « Le ventre est encore fécond d'où a surgi la bête immonde. »

Un animal, une bête politique s'est invitée dans le débat politique en Italie, Matteo Salvini. Il prend la figure de l'éléphant, au sens de George Lakoff, universitaire américain sociolinguiste, enseignant à l'Université de Berkeley[1]. Ce dernier a utilisé cette métaphore pachydermique, en référence à l'emblème du Parti républicain étasunien, développant ainsi son concept de *framing* (cadrage narratif), et devenant, en partie à son insu, le maître à penser des communicants politiques depuis les années 2000. Ce concept apparaît proche de celui, rebattu, de « l'hégémonie culturelle » développé par Antonio Gramsci, toujours, dans ses *Cahiers de prison*, mais il est plus précis, car en phase avec l'époque non seulement des *mass media*, mais aussi, voire surtout, de la révolution numérique.

Ainsi, le concept de *framing* correspond au cadrage narratif à l'intérieur duquel on peut décliner des arguments proprement politiques, ce qu'il est dorénavant coutume d'appeler le *story Telling*, adapté au numérique. Utilisé quatre ans durant outre-Atlantique par un personnage pour le moins truculent, utilisateur compulsif de Tweeter (avant que le réseau ne supprime son compte), Donald Trump, ces outils conceptuels peuvent se plaquer sur d'autres figures politiques.

---

[1] G. Lakoff, *The All New Don't Think of an Elephant! Know your Values and Frame the Debate*, Chelsea Green Publishing, 2014.

Chez nous, ce fut à l'évidence le cas du ministre-candidat devenu président de la République, Nicolas Sarkozy, puis, en 2017, celui d'Emmanuel Macron, qui réussit la gageure d'écrire un livre intitulé « Révolution » malgré son positionnement libéral. En Italie, ce fut le cas tant de Silvio Berlusconi que de Matteo Renzi, deux présidents du conseil pourtant politiquement opposés, quoiqu'affichant une proximité déroutante. Pour autant, ces derniers utilisaient encore des moyens de communication traditionnels, radio et télévision.

Revenons à Salvini. Il a très vite compris que, pour influencer les votes, il devait d'abord piloter le débat culturel et imposer son registre de langage, de façon à imposer ce faisant son lexique politique qui, par la magie du numérique, par la capillarité et la contagion des réseaux sociaux, explique en partie l'incroyable essor de son mouvement politique, la *Lega*.

De sorte que la bête politique a mué, dans un mouvement de compénétration, en *bestia* numérique, ainsi que l'on surnomme le logiciel de système de gestion des contenus de la Ligue.

Faisons un bref détour, avant que de se pencher sur l'utilisation du numérique par Salvini, par sa biographie et son ascension politique fulgurante. Salvini, né en 1973, ne brille pas par sa formation universitaire. Il suivit des études en science politique, en lettres puis en histoire, mais, peu assidu, il n'obtint aucun autre diplôme que son baccalauréat. En 1997, il se révéla pourtant très vite fin tacticien politique en devenant, à seulement 24 ans, conseiller municipal de Milan, capitale économique de la péninsule. Grâce à son siège, il put alors donner un large écho à ses diatribes, notamment autour des « Roms-musulmans », et à la sempiternelle litanie des problèmes sécuritaires. La même année, lors des élections internes de la Ligue du Nord (élections dites padaniennes), il prit la tête de la tendance, pour le moins sémantiquement étonnante, des « communistes padaniens ». L'histrion n'était pas à une contradiction près…

Anecdotique certes, mais signifiant : il soutint ainsi un père de famille qui tira sur un cambrioleur, ou proposa la mise en place d'une ligne téléphonique gratuite pour signaler les actes de délinquance commis par des immigrés, n'hésitant pas ainsi à pousser à la délation. Sans le savoir, Salvini empruntait déjà au concept phare de Carl Schmitt, celui de la dichotomie « ami/ennemi ».

Sa gouaille indéniable lui permit par ailleurs de devenir rapidement un invité régulier, un « bon client » selon l'abominable expression consacrée, des chaînes de télévision locales. Il se montra aussi très actif dans les médias chapeautés par la Ligue, écrivant notamment pour le journal *La Padania* avant de devenir le directeur de *Radio Padania Libera*. Moyens, encore relativement classiques, de communication politique... Il devint secrétaire général de la Ligue lombarde en 2012, à seulement 39 ans. Il s'imposa en effet comme le candidat logique à la succession de Roberto Maroni à la direction de la Ligue du Nord, ledit Maroni, provocateur outrancier ayant largement amorcé la dérive anti-immigrés, définitivement condamné au pénal en 2018.

Ce détour par la généalogie « spirituelle » du *Capitano*, ainsi que Salvini aime à se faire appeler par ses partisans, n'est pas anecdotique. D'un mouvement tout d'abord sécessionniste, créé par Umberto Bossi, puis fédéraliste, Salvini a opéré un virage net vers l'extrême droite. Il s'installe dorénavant comme le porte-voix italien de ce courant, occupant la place laissée vacante par l'*Alleanza Nazionale* de Gianfranco Fini qui avait réussi son aggiornamento postfasciste et, ainsi, paradoxalement libéré la voie de la nostalgie fasciste, tant il avait définitivement rompu avec l'héritage mussolinien.

Salvini met actuellement en scène, sans vergogne aucune, nombre d'éléments de sa vie privée, ne la distinguant pas, à dessein, de la sphère publique, ainsi que le fit autrefois Berlusconi. Ce dernier envoya en effet à tous les électeurs italiens, lors de l'une de ses innombrables campagnes, une brochure polychromée mettant en scène entre autres son ex-épouse, la *mamma*, ses enfants, mêlés aux « grands de ce monde », confondant à dessein vies publique et privée.

La mise en scène salvinienne lui permet d'entrer dans l'imaginaire de l'Italien moyen qui peut être pris au piège d'une identification presque charnelle, de par la démagogie employée par *Il Capitano*. Tweets, selfies avec ses partisans lors de ses manifestations politiques, photographies complaisamment prises sur les plages durant la trêve estivale, utilisation de Facebook où des dizaines de publications sont postées quotidiennement, la panoplie est large. Recettes culinaires, compagnes successives, ostentation de la croix de la vierge pendant l'un de ses meetings, entraînant l'ire de l'Église de Rome, tout y passe. Sa bonhomie apparente, sa logorrhée, son culte du moi, assurément non haïssable contrairement aux enseignements de Montaigne, ne sont cependant pas sans rappeler un certain *Duce*, vis-à-vis duquel il emploie une attitude plus qu'équivoque. Il n'a par exemple pas hésité, lors de la fête de la Libération à renvoyer dos à dos les résistants communistes de la Seconde Guerre aux fascistes, pas plus qu'il ne tergiversa, en août 2019, pour exiger de façon véhémente des élections anticipées en plein été, chose qui ne s'était plus vue depuis les années 1920…

Ministre de l'Intérieur et vice-président du gouvernement Conte jusqu'à fin août 2019, Salvini augmenta deux fois son score aux élections européennes de mai de cette même année, en regard des dernières élections législatives et sénatoriales de mars 2018, quand son improbable allié, le Mouvement cinq étoiles dirigé par Luigi Di Maio le divisa par deux. Soit plus de 30 points pour La Ligue, moins de 20 % pour la Mouvement cinq étoiles. *Fratelli d'Italia* de Giorgia Meloni n'avait pas encore réussi sa percée électorale, qui lui permit en 2022 de devenir présidente du conseil.

La manœuvre de Salvini fut cependant déjouée ; à l'improbable alliance *Lega*, *Movimento cinque stelle* succéda en 2019 un gouvernement, toujours dirigé par Giuseppe Conte, formé du parti fondé par Beppe Grillo et des Démocrates de centre gauche, très lointains héritiers du PCI. Le retour de la *Lega* aux affaires suite à la chute de Conte n'était dû qu'à un compromis en forme d'appel à l'union nationale, le chef de gouvernement lui succédant, Mario Draghi (ancien directeur de la Banque centrale européenne), réussissant la prouesse d'agréger autour de lui techniciens aguerris et politiques de tous bords, à quelques exceptions notables[2].

---

[2] Notamment *Fratelli d'Italia*, dirigé par Giorgia Meloni. Mouvement ouvertement post-fasciste, le logo de son parti reprend celui de l'ancien *Movimento sociale italiano*, la flamme tricolore verte blanc rouge (au passage reprise par le Front National, le bleu se substituant évidemment au vert), dirigé par Giorgio

Comment fonctionne concrètement l'utilisation du numérique par Salvini ? Comment un homme politique entré si précocement en politique a pu porter son parti de 3 à 34 % ? Ce n'est pas seulement son indéniable art oratoire. Gouaille, vulgarité contenue, slogans réducteurs, aisance et maîtrise réelles devant les caméras, impression donnée de proximité ont un effet indéniable sur l'électeur enclin à s'identifier à l'Italien moyen que Salvini s'efforce d'incarner, et de ce fait peu attentif à l'idéologie sous-tendant un tel discours, d'autant que Salvini s'adresse, sciemment, non à la rationalité du spectateur électeur, mais à son émotivité. Certes, Salvini incarne parfaitement la fonction tribunicienne décrite par Georges Lavau[3]. Il emploie à l'envi phrases chocs, invectives, outrances et provocations. Mais l'usage des algorithmes et du Web 2.0. participe aussi du phénomène.

Son conseiller, Luca Morisi, est un informaticien hors pair et, par ailleurs redoutable (quoique très discret) communiquant politique. Il est le pendant de Gian Roberto Casaleggio, âme damnée de Beppe Grillo et véritable idéologue du Mouvement cinq étoiles, disparu en 2016. On relèvera, et ce n'est pas anecdotique, qu'après ses études d'informatique il s'est penché très sérieusement sur la philosophie. De sorte qu'on puisse dire qu'il est devenu le doctrinaire de la *Lega*.

Quelques mots sur cet homme assez peu connu. Beaucoup en Italie ignorent jusqu'à son patronyme. Lors même que Luca Morisi est sans conteste l'un des hommes les plus influents de la dernière décennie en Italie. Il est l'artisan et premier responsable de l'ascension de la Ligue sur les réseaux sociaux. C'est Luca Morisi qui a créé la *Bestia*, cette incroyable machine de propagande en ligne de la Ligue et a fait passer les réseaux sociaux de Salvini de quelques dizaines de milliers à plusieurs millions. Auteur remarqué d'une thèse de *Laurea*[4] en philosophie

---

Almirante éphémère chef de cabinet du ministre de la Culture populaire de Mussolini durant la république fantoche de Salò (1943-1945).

[3] G. Lavau, *A quoi sert le Parti communiste français ?*, Paris, Fayard, 1981.

[4] Diplôme spécifiquement italien, propédeutique à un éventuel doctorat de recherche, l'équivalent d'un gros mémoire de troisième cycle en France, qui donne néanmoins le titre de docteur. Le travail final de ce diplôme correspondrait peu ou prou à l'ancienne thèse de troisième cycle, aujourd'hui disparue.

intitulée *L'évolution numérique du symbolique. De l'alphabet au réseau*, il exerça la profession d'enseignant contractuel de 2004 à 2015 à l'Université de Vérone, où il l'avait soutenue. Après des expériences en tant que collaborateur de journaux et de magazines, entre les années 1990 et les années 2000, Morisi collectionne également quelques expériences politiques, d'abord en tant que conseiller provincial de Mantoue puis conseiller municipal du district du centre historique de Mantoue. « Entrepreneur, universitaire contractuel, il s'occupe de technologie depuis son plus jeune âge. Expert en conception de bases de données, application web et Intranet/Extranet, il a créé des systèmes d'information utilisés chaque jour par des milliers d'utilisateurs, notamment dans le secteur de la santé » : c'est ainsi que Morisi se décrit dans son curriculum présent en ligne dans les archives du ministère de l'Intérieur, le *Viminale*, quand il y suivit Salvini.

En 2012 s'opère, de ses propres dires, un tournant qui l'amènera à collaborer avec le nouveau chef de la Ligue. « Je l'ai vu à *Porta a Porta* [émission politique de la RAI, très suivie en Italie], alors qu'il faisait une émission en direct avec un iPad en train de parler avec les auditeurs » déclara Morisi au *Corriere della Sera*. « Cette capacité à hybrider les deux médias, la télévision et les réseaux sociaux, m'a fasciné, j'ai alors cherché et une relation professionnelle est née ». « J'ai eu une sorte d'amour [sic] pour lui en raison de ma prise de conscience de son énorme capacité à gérer le talk-show », expliqua-t-il dans l'essai *Anatomie d'un populiste* de Matteo Pucciarelli. Le partenariat avec *Il Capitano* débute en octobre 2013. Morisi se définit comme « responsable de la communication et stratège des médias sociaux de Matteo Salvini et des canaux de communication associés liés à son rôle de leader de la Ligue ». Sur Twitter il va jusqu'à s'affirmer « Social-mégaphone, je m'occupe presque 24h/24 et 7 j/7 de la communication pour le Capitaine ». Morisi s'est entouré de 35 experts des réseaux sociaux. Cette équipe a mis au point la machine de marketing viral la plus puissante de la politique italienne, la *Bestia*, un logiciel qui analyse les données, les *big data* et les flux d'informations des réseaux sociaux.

Avec ses 3,6 millions de fans sur Facebook, 1,4 million sur Instagram et 1,1 million sur Twitter, Salvini oriente quotidiennement le débat des médias. Si Salvini parvint à atteindre plus de six millions de « followers », soit environ un dixième de la population italienne, c’est indubitablement grâce à la machine de guerre numérique qu’ont élaborée Morisi et son équipe.

On assiste pourtant au crépuscule du « spin doctor » de Salvini. En effet, il s’est déchargé depuis le 23 septembre 2021 de ses responsabilités, officiellement pour « raisons familiales », en réalité en raison d’une enquête pour transfert de drogue. Et c’est justement sur les réseaux sociaux qu’après la nouvelle de l’enquête contre Morisi, Salvini a exprimé sa solidarité avec son désormais ancien gourou du web : « Quand un ami fait une erreur et commet un faux pas inattendu, et que Luca se fait plus mal que d’autres, d’abord tu te mets en colère contre lui. Mais ensuite tu tends la main pour l’aider à se relever. L’amitié et la loyauté sont la vie pour moi », écrivit alors le dirigeant du *Carroccio*[5] dans un tweet où il joignit une photographie prise quelques années auparavant. La perte de cet adjoint précieux, le ralliement de Matteo Salvini au Gouvernement Draghi eurent, à n’en pas douter, des répercussions significatives. D’autant que le leader extrémiste fut finalement débordé, on l’a dit, par Giorgia Meloni de *Fratelli d’Italia* qui, elle, refusa, d’intégrer cet exécutif inédit d’union nationale.

Pour autant l’arme numérique mise en place par Morisi demeure redoutablement efficace, l’équipe qu’il a formée durant des années restant en place. Sans vouloir accabler le lecteur de chiffres, qu’il soit permis d’en citer quelques-uns pour montrer l’ampleur du phénomène. Durant les cinq mois qui préludèrent aux élections européennes de mai 2019 *La Bestia* généra 17 publications Facebook par jour, engendrant 40 millions de *likes* et plus de cinq millions d’heures cumulées de visionnage des vidéos mises en ligne sur les réseaux sociaux… Par ailleurs,

---

[5] Le *carroccio* est un chariot aux couleurs citadines autour duquel combattaient durant la période médiévale les milices des communes de la plaine du Pô. Il n’est donc pas étonnant que la Ligue, d’abord sécessionniste, en fit l’un de ses emblèmes.

le système de gestion des contenus permettait de cibler le discours politique : *La Bestia* a pu s'assurer que 71 % des électeurs de la ligne ne craignent pas, ou peu les néonazis. De sorte que Salvini peut s'aventurer sans grand problème dans les eaux boueuses du fascisme.

Pour autant, il ne faut pas s'y tromper, les tweets ou les publications Facebook de Salvini ont une fonction première évidente : celle d'être repris par les médias traditionnels, au premier rang desquels la télévision est reine. Berlusconi usa et abusa de ce médium d'autant que, lorsqu'il était président du conseil, il avait à sa disposition six canaux télévisés nationaux : trois de son groupe privé *Mediaset* plus les trois chaînes publiques de la *RAI* qu'en tant que chef de gouvernement il pouvait contrôler à son aise. C'est ainsi qu'il put, en quelques semaines, utiliser alors son empire médiatique pour opérer sa *discesa in campo* en 1994 et remporter, contre toute attente les élections, quand la victoire était promise au nouveau parti social-démocrate (PDS), « héritier » du Parti communiste italien, dissous peu après la *svolta della Bolognina* comme on l'a vu précédemment. Ainsi, numérique et mass media « classiques » se complètent dans un mouvement circulaire d'auto-alimentation réciproque, dans une compénétration incestueuse qu'on peut considérer comme préoccupante pour la démocratie. Numérique ? Plutôt la guerre politique par d'autres moyens ! Si *La Bestia* a rencontré tant de succès, c'est qu'elle est le réceptacle du mal-être du pays, qu'elle ne fait qu'attiser, diffusant fausses nouvelles ou les amplifiant, les travestissant à l'envi.

L'Italie fut dans un premier temps, on le sait, un pays d'émigration massive[6], de la fin du XIXe siècle à la mi-temps du XXe, émigration tant économique dans un premier temps, que politique, après la marche sur Rome (1922). Elle alimenta la

[6] Cette émigration suscita une xénophobie parfois sanglante. Que l'on songe notamment, en France, aux sinistres « vêpres marseillaises » (17-20 juin 1881) où une véritable chasse à l'homme provoqua trois morts et vingt-et-un blessés. A Aigues-Mortes, douze ans plus tard (16 août 1893), le bilan fut plus lourd encore, la ratonnade se soldant par huit mort et plus de cinquante blessés. En 1881 Marseille comptait 57 900 Italiens pour 360 000 habitants, soit 16 % de la population de la cité phocéenne.

main-d'œuvre des pays industriels en Europe[7], mais aussi aux États-Unis et en Amérique latine. Ce mouvement s'inversa dans les années 1960, l'Italie devenant tout au contraire un pays d'immigration. Selon le rapport de l'ISTAT[8] de 2018, l'Italie compte 5,6 millions d'étrangers, soit 8,4 % de la population (60,5 millions)[9]. Phénomène hélas par trop courant, cette nouvelle donne suscita, après la crise économique des années 1970 et le chômage massif qui en résulta, devenu endémique, des relents de xénophobie qui ne firent que s'amplifier lors de la dernière décennie, le racisme devenant chose courante, y compris dans les stades de football, enceinte presque sacrée en Italie[10], où cris de singe, jets de bananes et insultes vis-à-vis des joueurs noirs[11] ne sont que trop fréquents.

En se positionnant sur ce terrain ainsi que celui de la sécurité, identifiants classiques, intemporels et universels de l'extrême droite, Salvini ne poursuit qu'un unique projet : être sans cesse au centre du discours, impulser par sa démagogie tout

---

[7] Selon une estimation du Centre interdisciplinaire de recherche sur la culture des échanges (CIRCE) Sorbonne Nouvelles – Paris 3, quatre millions de Français auraient des origines italiennes, soit 7 % de la population.

[8] Institut national de statistique, équivalent de l'INSEE français.

[9] Chiffre à mettre en regard de la population étrangère résidant en France : en 2020, l'Hexagone comptait 6,8 millions d'immigrés, soit 10,2 % de la population. Si les statistiques sont légèrement supérieures, on doit comprendre pour autant qu'alors que la France est un pays traditionnel d'immigration, l'arrivée significative de population étrangère dans la péninsule, en seulement une soixantaine d'années, a provoqué un sentiment de dépossession d'identité nationale qui suscita une forte xénophobie, jusqu'alors inconnue, sur laquelle prospéra la Ligue, surtout après le départ d'Umberto Bossi. D'autant que ce rejet de l'Autre, dans un premier temps circonscrit au territoire de la péninsule puisque c'était les Italiens du *Mezzogiorno* qui étaient attaqués, se déplaça, la stigmatisation visant désormais les étrangers, ce qui permit d'ailleurs une percée électorale significative de la *Lega* dans l'Italie méridionale.

[10] Voir par exemple https://www.lemonde.fr/sport/article/2019/11/19/racisme-dans-le-football-la-federation-italienne-impuissante-face-a-la-multiplication-des-incidents_6019706_32 42.html. Pour une approche universitaire voir L. DEMATTEO, « Le stade, terrain de jeu de l'extrême droite italienne : soupape de sécurité ou fabrique du consensus », *L'homme et la société*, 2015/1-2, n° 195-196, pp. 147-174.

[11] L'immigration maghrébine est résiduelle en Italie. Ce sont le plus souvent des africains francophones qui, parce que l'entrée en France est au fil des ans devenue toujours plus difficile, émigrent dans la péninsule.

positionnement politique et idéologique, en être protagoniste et précurseur. On en a vu les effets en France lors de la percée, lors des élections européennes de 1984 du Front national, et de son chef charismatique, maniant le verbe avec aisance, le distillant d'outrances et de soi-disant dérapages, en fait parfaitement contrôlés, maîtrisés et réitérés. Risquer une condamnation pénale pour incitation à la haine raciale ? Les dirigeants d'extrême droite n'en ont cure, pourvu que l'on parle d'eux[12]. Devenu ministre de l'Intérieur en 2018, le racisme en Italie, les statistiques sont cruelles, n'a cessé de croître, la parole légitimée au sommet ne cessant de l'attiser. Il est bien sûr évident que les innombrables tweets, publications Facebook ou Instagram, quoiqu'écrits à la première personne, ne sont pas l'œuvre de Salvini, mais de l'équipe de Morisi, qu'il reprendra néanmoins lors de ses interventions dans les mass media, en forme certes édulcorée.

La force de Salvini repose sur une idée simple : le chef de la *Lega* représente (du moins le fait-il accroire) l'Italien moyen, de bon sens, vis-à-vis duquel tous peuvent s'identifier. Le *Capitano* reprend en réalité une vieille tradition politique italienne, celle du *Qualunquismo*[13]. Le *Qualunquismo*, né à la fin de la Seconde Guerre mondiale, est associé au mouvement politique *Fronte dell'Uomo Qualunque* né avec la revue éponyme publiée à partir du 27 décembre 1944 par Guglielmo Giannini. Ce mouvement s'est alors caractérisé par une forte défiance vis-à-vis des

---

[12] Il faut toutefois noter que la justice italienne est nettement plus indulgente à l'égard de Salvini que son homologue française le fut quant à Jean-Marie Le Pen. Si le leader politique italien fut condamné en 2020 pour racisme, il ne s'agissait pas alors d'immigrés. Mais de racisme envers… les napolitains. Les faits remontent à 2009. Une chorale fut entamée dans le cadre du festival de la *Lega Nord*, encouragée par Salvini, alors seulement chef de la Ligue à Milan, qui entama le premier le refrain d'un chant discriminatoire, repris par ses partisans : « Sentez combien ça pue, même les chiens s'enfuient : les Napolitains sont arrivés. Jamais ne se sont-ils lavés. » Une plainte a néanmoins été déposée en 2018 contre le leader du *Carroccio*, alors ministre de l'Intérieur, pour incitation à la haine raciale. Il avait alors déclaré : « pour les clandestins l'aubaine est terminée, préparez-vous à faire vos valises. »

[13] Quoique la comparaison puisse apparaître réductrice pour certains auteurs. Voir Ch. RAIMO, « Jeunes, Italiens, fascistes et branchés. Le renouveau d'une idéologie haineuse, *Revue du Crieur*, 2018/2, n° 10, pp. 116-131. Sur populisme et *qualunquismo*, voir Marco TARCHI, *L'Italia populista Dal qualunquismo ai girotondi*, Bologne, Il Mulino, coll. « Contemporanea », 2003.

institutions, des partis politiques, du personnel politique en général. Il est même devenu un éphémère parti après-guerre obtenant 5,3 % des suffrages aux élections à l'Assemblée constituante de 1946 ce qui lui permit d'obtenir trente sièges. L'aventure fit long feu puisque le parti fut dissous en juin 1948. Son programme était pour le moins sommaire ; pour son leader, qui ne concevait l'État qu'en tant que simple structure administrative, « il suffit d'un bon comptable qui prenne ses fonctions le 1er janvier et s'en aille le 31 décembre et qu'il ne soit rééligible d'aucune façon ». Il s'agissait, contre la centralisation décisionnelle de l'État, de donner la parole à *l'Uomo qualunque*, c'est-à-dire à l'homme quelconque, dont l'on rend mieux l'idée en le traduisant par homme de la rue, homme ordinaire ou Italien moyen. Il n'est dès lors pas étonnant que *La Bestia* utilise à l'envi, et de façon orientée, les faits divers, qui peuvent immédiatement frapper les esprits, de façon instinctive et, partant, irrationnelle.

Salvini se présente sur les réseaux sociaux comme *l'uno di noi*, l'un de nous, se représentant sur les innombrables photographies dont il nourrit ses publications avec ses enfants, ses compagnes successives, à table, à la plage, entre amis, au travail. L'un de nous… Toujours souriant l'homme apparaît affable, voire sympathique. Mais à côté de ces images apparemment anodines, *La Bestia* inonde les réseaux de publications ayant trait à la drogue, la mafia, les immigrés, les ONG soi-disant criminelles ayant essayé de les sauver lorsqu'ils empruntaient des embarcations de fortune pour traverser la Méditerranée depuis les côtes libyennes. Elles ne brillent pas par leur subtilité. C'est d'ailleurs tout le contraire qui est recherché. Le manichéisme est la règle, la règle consciente que se donne depuis sa création *La Bestia*. Les ennemis sont clairement identifiés, les amis, érigés en héros, également. Carabiniers, policiers, militants, mais aussi… animaux de compagnie, la *Lega* se positionnant comme amie de la condition animale (curieuse manie de l'extrême droite). Ce n'est évidemment pas un hasard si les intentions de vote des membres des forces de l'ordre sont au plus haut. En outre, dès lors qu'un opposant, évidemment de gauche, est identifié dans l'une des publications de *La Bestia*, la vindicte « populaire », du moins celle des *tifosi* (traduire en novlangue 2.0 *followers*), se déchaîne. Ainsi d'une ancienne présidente de la Chambre des députés (de 2013 à 2018), Laura Boldrini, par ailleurs, circonstance aggravante…, ancienne porte-parole du Haut-Commissariat des Nations unies pour les réfugiés. Elle fut tout bonnement qualifiée de *bambola gonfiabile* (poupée gonflable), sobriquet sexiste permettant aux partisans léguistes d'attiser leur haine, au mieux en utilisant l'hashtag *#sgonflialaboldrini* (dégonfle la Boldrini), voire en allant jusqu'à proposer benoîtement son éviscération… Ce déchaînement de haine, facilité par l'anonymat que procurent hélas les commentaires sur la toile, n'avait qu'une cause : femme politique située plus à gauche que Matteo Renzi, alors président du Conseil, elle avait osé à maintes reprises prendre la défense des immigrés. Stratégie simpliste : désigner une cible et laisser la meute se déchaîner.

Autre technique par deux fois éprouvée, en 2018 et 2019 : le concours *Vinci Salvini* qui fait intervenir les principaux réseaux sociaux (Facebook, Twitter, aujourd'hui X, Instagram) et permet de gagner un coup de fil ou un rendez-vous en personne avec le *Capitano*. La dernière édition (Salvini était alors ministre de l'Intérieur) s'est avérée payante, les partisans légistes appréciant grandement l'initiative. Ce « concours » s'est révélé être une redoutable stratégie de communication, confirmant l'attention de Salvini à l'égard des réseaux sociaux. *Vinci Salvini* se présente comme une course basée sur l'accumulation de points pouvant être obtenus sur les réseaux sociaux du leader de la Ligue, via ses pages dédiées. Il existe plusieurs manières de cumuler des points : *liker* les publications de la page Facebook et les contenus publiés sur Instagram et sur Twitter, retweeter etc.… Le but est évident : donner par cet expédient un écho exponentiel à la visibilité de Salvini sur la toile.

Le phénomène *Vinci Salvini* ne serait pas compréhensible hors contexte. Le populiste italien d'extrême droite est actuellement le politicien le plus médiatique et le plus actif sur la toile et les réseaux sociaux. Salvini, comme il a été dit, utilise le jargon de l'homme moyen, *l'uomo qualunque*. Le chef du *Carroccio* et son équipe s'avèrent effectivement des communicants très habiles, dotés du mérite indubitable de comprendre les attentes de l'électorat, qu'ils analysent au travers de leurs instruments numériques, et de le valoriser, faisant accroire que ses attentes sont entendues et relayées. Cette communication de masse, résumée en quelques sujets cruciaux et condensés en slogans percutants facilement mémorisables car simplistes, en réalité inspirés du marketing publicitaire, montre sa redoutable efficacité.

Mais *Vinci Salvini* apporte une nouveauté indéniable. Le jeu marque la pleine maturation de l'intuition originelle de Morisi. L'ancien ministre de l'Intérieur se montre, au contraire des politiciens « ordinaires », physiquement accessible, à portée de main de ses partisans, faisant littéralement corps avec eux, de sorte qu'il fasse croire qu'il n'en est que le reflet, un homme du peuple, relayant les aspirations du peuple, ou supposées telles, ce peuple imaginaire prétendument ignoré par la classe politique traditionnelle.

Cependant, entre la première et la seconde édition de cette stupéfiante initiative promotionnelle, le règlement général sur la protection des données (RGPD) est entré en vigueur en Europe ; or, il oblige depuis les responsables de traitement de données à rendre compte de manière beaucoup plus précise de la manière dont les informations collectées seront utilisées. Lors de la première édition du concours, un collectif de hackers s'était introduit dans les serveurs de la Ligue et avait dérobé 23 gigaoctets de mails, où l'on retrouve également les mails de centaines d'utilisateurs ayant rejoint la première édition de *#VinciSalvini*, dont les noms, prénoms et adresses e-mail sont toujours disponibles. La première édition du concours ayant eu lieu avant le 25 mai 2018 (le jour où le RGPD est devenu pleinement effectif), le vol d'informations a eu des conséquences limitées. À cet égard, une enquête a été ouverte par le *Garante per la privacy* (Garant de la vie privée), qui n'a pu que prendre acte de la désactivation des systèmes informatiques ciblés par les pirates.

Pour autant, la Ligue n'a jamais caché le fait que les informations fournies servaient à un profilage de l'électorat : comme il a été dit il fallait, pour marquer plus de points au concours, atteindre un haut niveau d'interactions, ce qui a incité nombre d'utilisateurs à rendre disponible à *La Bestia* les profils qu'ils détiennent sur les différentes interfaces sociales. Les données ainsi recueillies peuvent ensuite être traitées par la *Lega*, donnant au personnel du ministère de l'Intérieur un grand nombre d'informations sur les partisans du *Capitano*. Époustouflante autant qu'inquiétante confusion des genres, clairement affichée comme objectif premier. On peut en effet le lire dans la politique de confidentialité du site, qui indique que *Vinci Salvini* a pour but « l'élaboration de statistiques pour favoriser le développement et les activités du Mouvement ». Le profilage des utilisateurs, qui a fait la fortune des entreprises et des partis politiques à l'ère du *big data* n'est pas caché. Même s'il n'est pas précisé, le traitement pourrait en effet consister dans le stockage et la synchronisation des informations collectées entre les différents profils que l'utilisateur est invité à soumettre à l'attention du concours. Or, il semble qu'en plus de ces informations fournies spontanément par les utilisateurs, le site web de la Ligue aurait utilisé cinq cookies superflus : l'un serait suffisant pour le fonctionnement du site, les quatre autres — dont l'identification a été révélée par *Google Analytics* — serviraient précisément à collecter des informations statistiques. Mais ce type de traceur, selon le RGPD, « doit être autorisé expressément et par un geste positif de l'utilisateur ».

Or, contrairement aux exigences du RGPD, la politique en matière de cookies du concours indiquait que les utilisateurs pouvaient refuser « l'utilisation de cookies en sélectionnant les paramètres appropriés de votre navigateur, mais cela peut vous empêcher d'utiliser toutes les fonctionnalités de ce site web. En utilisant ce site Web, vous consentez au traitement des données vous concernant par Google de la manière et aux fins décrites ci-dessus ». Un mécanisme qui est donc automatique et pour lequel l'utilisateur n'est pas tenu d'exprimer un consentement explicite. Lors d'un test, l'agence Agi a constaté que trois cookies étaient installés en seulement quatre minutes après l'accès, sans qu'aucune autorisation ne soit demandée. Les informations qui « seront transmises et stockées sur les serveurs de Google aux États-Unis » — comme indiqué dans la notice d'information — « y compris votre adresse IP ».

Traçage en règle donc, manifestement illégal, à tout le moins à première vue à la lisière de la légalité. Jouez, concourez, gagnez un appel téléphonique avec Salvini, amplifiez la caisse de résonance de *La Bestia*, nous collecterons vos données, bons patriotes !... Le problème éthique est évident : est-il admissible de permettre à une organisation politique de collecter des informations personnelles sur des milliers d'électeurs ? On pourrait dire qu'il appartient aux citoyens individuels d'être conscients des risques de manipulation politique et de collecte de leurs données. Le fondateur de Facebook lui-même, Mark Zuckerberg, dans une lettre du 30 mars 2019 adressée aux gouvernements et publiée par le *Washington Post*, a réitéré la nécessité de règles plus strictes en matière de vie privée[14]. Or *Vinci Salvini* n'est pas un concours en ligne inoffensif, mais à un outil sophistiqué de propagande politique informatique. Nous devons en être conscients.

Contrairement à d'autres mouvements s'essayant à une orientation participative des citoyens par l'intercession du numérique, au premier rang desquels les différents partis pirates européens, dans une moindre mesure le M5S[15] en Italie ou Podemos en Espagne, l'instrumentalisation politique des réseaux sociaux et de *La Bestia* n'a pas pour vocation d'investir, d'élever démocratiquement les citoyens italiens qui seraient tentés par l'aventure de la Ligue. Le dévoiement du numérique n'a qu'un but, propre aux mouvements d'extrême droite : participer au culte du chef et à son ascension politique, espérons résistible, pour paraphraser le titre d'une célèbre pièce de théâtre de Bertolt Brecht, *La résistible ascension d'Arturo Ui*. Hélas, cette comédie grinçante finit en catastrophe, sous la plume du dramaturge allemand, à l'instar du drame des années 1930 !

---

[14] https://www.washingtonpost.com/opinions/mark-zuckerberg-the-internet-needs-new-rules-lets-start-in-these-four-areas/2019/03/29/9e6f0504-521a-11e9-a3f7-78b7525a8d5f_story.html.

[15] Voir à ce sujet les travaux de Michaël Bardin, notamment « Les partis politiques et l'outil numérique », *Pouvoirs*, 2017/4, n° 163, pp. 43-54.

MONTÉE DE L'EXTRÊME DROITE ITALIENNE ET POLITIQUE MIGRATOIRE : APPRÉHENSIONS JURIDIQUE ET POLITIQUE

1. L'étonnant attelage du gouvernement Conte a servi de tremplin à son ministre de l'Intérieur et vice-président du conseil Matteo Salvini, plus qu'il n'a résolu une situation économique particulièrement préoccupante. En effet, le taux de croissance n'a été que de 0,9 % en 2018, mais on a surtout assisté à un ralentissement dangereux lors du second semestre de cette même année, l'Italie étant entrée en récession technique selon l'analyse de l'ISTAT (Institut national des statistiques, équivalent de l'INSEE). Ces mauvais chiffres ont empiré en 2019, puisque le pays eut une croissance nulle. Ajoutons également un chômage à deux chiffres de 10,5 % (contre 8,5 au deuxième trimestre 2019 en France), ne traduisant pas le taux fort inquiétant de chômage des jeunes qui s'élève quant à lui à 33 % (soit presque le double du chiffre français de 18,6 %) et un taux d'endettement public de 134 % (à mettre en regard des chiffres respectifs de la France et du Royaume-Uni, de 98,5 et 87,4 %) qui justifia l'ouverture par la Commission fin 2018 d'une procédure de sanction pour non-respect des critères européens en matière de réduction de la dette publique, procédure finalement évitée, le gouvernement Conte acceptant de revoir, conformément aux préconisations de l'exécutif bruxellois, son budget 2019 à la baisse (mais contrairement aux demandes du Mouvement cinq étoiles et de la Ligue).

Ce gouvernement inédit réunit, depuis le 1er juin 2018, l'inclassable *Movimento Cinque Stelle — M5S* — commodément qualifié de « populiste », car intégrant dans son programme bigarré des mesures habituellement considérées de gauche, tel le revenu universel, mais aussi de droite — et la Ligue (*Lega*), qui n'a plus grand rapport avec le mouvement fondé par Umberto Bossi. La *Lega Nord* se caractérisait par sa xénophobie (tant externe, c'est-à-dire vis-à-vis des étrangers, qu'interne, vis-à-vis des Italiens du Sud, qualifiés de *terroni*, de culs-terreux, *sic !*), par un rejet affiché des aides allouées au *Mezzogiorno*, structurellement moins développé que l'Italie septentrionale et, en conséquence, par une revendication ouvertement fédéraliste. Sous l'égide du *Capitano* (ainsi que Salvini se fait appeler par les militants de son parti, comme nous l'avons vu précédemment), le mouvement s'est transformé en parti raciste et autoritaire, quoi qu'il en puisse en dire. Il a en effet pris la place laissée vacante d'*Alleanza nazionale* fondée par Gianfranco Fini. Cet ancien fasciste avait su transformer le *Movimento sociale italiano* de Giorgio Almirante en parti de droite, certes très conservateur, réalisant ce faisant son *aggiornamento*. Le *MSI* était en effet nostalgique de la *Repubblica sociale italiana*, dite République de Salò, État fantoche fondé par Mussolini et installé après 1943 dans les régions encore occupées par les nazis. Pour preuve de la dérive postfasciste de la Ligue, Salvini, dans une étonnante déclaration, a osé réclamer aux Italiens courant août 2019 qu'il lui soit octroyé les pleins pouvoirs (dans le sillage de la dénonciation du gouvernement Conte et d'un appel à la démission de ce dernier, qu'il a refusée, Salvini en prenant prétexte pour déposer une motion de censure contre… son propre gouvernement). La dernière fois que l'on a octroyé les pleins pouvoirs à un chef de gouvernement remonte à novembre 1922, au profit de celui qui deviendra le *Duce*. Il est douteux que cela ne constitue qu'un dérapage… Le seul parti jusqu'alors ouvertement d'extrême droite étant *Fratelli d'Italia*, issu d'une scission avec *Alleanza nazionale*, lequel n'avait alors jamais eu que des résultats électoraux se situant à faible étiage (4,3 % aux élections parlementaires de 2018, 6,45 aux élections européennes de 2019) jusqu'à son accession au pouvoir en 2022. *Fratteli d'Italia*, augmenta son score de vingt points, ayant certainement profité de son refus de participer au gouvernement Draghi, après la chute du gouvernement Conte II, alors que l'ensemble de la classe politique, à son exception, était entré dans la coalition.

Salvini était devenu l'homme fort du gouvernement (lors du gouvernement Conte I — 2018-2019 —, alliant alors la Ligue et le *MS5*, avant l'éviction du *Capitano*, le gouvernement Conte II — 2019-2021 — se réorientant vers une étonnante coalition entre le MS5 et les Démocrates) alors même que la *Lega* n'avait réuni que 17 % des suffrages aux élections législatives et sénatoriales de mars 2018. Le *M5S*, fondé en 2009 seulement par Beppe Grillo, avait alors convaincu 33 % des électeurs. L'activisme de Salvini, plus préoccupé de créer l'événement médiatique depuis le *Viminale* (siège du ministère de l'Intérieur) en imposant le tempo de l'agenda politique et en s'exprimant sur tout sujet, y compris hors de sa compétence (notamment économique), plutôt que de gérer uniquement les affaires du portefeuille qui lui avait été confié (à l'exclusion bien sûr de la question migratoire), a su créer en seulement une année un rapport de force de force symétriquement inversé : aux élections européennes de mai 2019, le *M5S* divisa son électorat par deux, chutant à 17 %, quand la *Lega* doubla son score, se hissant à 34 %. Plus préoccupant encore pour le Mouvement de Luigi Di Maio (*M5S*), traditionnellement bien implanté dans le Sud, la *Lega* (anciennement *Lega Nord*), qui se préoccupait sous l'égide d'Umberto Bossi exclusivement de l'Italie septentrionale en vue de la création d'une hypothétique Padanie, s'est implantée dans le *Mezzogiorno*, comme en attestent les cartes électorales de 2018 et 2019[1].

Malgré un rapport de force initialement moins favorable, la Ligue a su imposer des mesures contraires au programme du *M5S*, l'autonomie de régions du nord de l'Italie (Lombardie, Vénétie, Émilie-Romagne) heurtant ses partenaires qui estiment qu'une telle mesure creuserait inéluctablement l'écart de développement avec le *Mezzogiorno*, ainsi que la validation du chantier du tunnel de la ligne Lyon-Turin permettant le déploiement du *TAV* (*Treno ad alta velocità*, TGV), contre lequel le mouvement de Di Maio n'a cessé de s'insurger. Par ailleurs, le parti de Salvini comptait à terme instaurer une flat tax contraire à la raison économique et au déficit public italien, impôt à taux unique qui bénéficierait aux plus hauts revenus et aux évadés

[1] Que l'on compare les cartes de 2018 et 2019 : https://elezioni.repubblica.it/2018/cameradeideputati, https://elezioni.repubblica.it/2018/cameradei deputati.

fiscaux. Plus généralement sur la question des infrastructures, la *Lega* a imposé l'accélération de chantiers, conformément aux vœux de son électorat septentrional composé en partie de petits patrons et d'industriels, alors que le *M5S* entendait tout au contraire en ralentir le rythme, soucieux quant à lui de répondre aux vœux de son électorat écologiste.

L'une des rares mesures en revanche à mettre à l'actif du mouvement de Di Maio fut le revenu de citoyenneté (que la *Lega* est d'ailleurs parvenue à transformer en simple revenu minimum d'insertion, par ailleurs très modeste et qualifié de « véritable foutaise » par Salvini. Ambiance…). Le *M5S* n'aura pas réussi pour autant à faire adopter la diminution du nombre des parlementaires, mesure très populaire dans un pays se défiant de plus en plus de sa classe politique, mais que les manœuvres dilatoires du parti de Salvini ont fait capoter, pas plus qu'il n'aura satisfait sa revendication de lutte contre l'évasion fiscale. La Ligue, parti fondé en 1991, implanté électoralement, tactiquement habile, n'eut pas grand mal à avoir le dessus sur un mouvement récent, ni aguerri, ni structuré, et dont le leader (également vice-président du conseil et ministre du Développement économique, du Travail et des Politiques sociales) n'a pas su s'imposer, laissant la démagogie électoraliste de Salvini prospérer sans peine ni freins. Luigi Di Maio, fort jeune (il est né en 1986) n'a pas le charisme du fondateur du *M5S* Beppe Grillo, quoiqu'il ait pris des responsabilités très tôt, élu à seulement 26 ans vice-président de la Chambre des députés (ce qui en fit le plus jeune de toute l'histoire de la République).

2. C'est surtout en matière de politique migratoire que, dès son entrée en fonction, Salvini a pu imposer sa patte. Le texte du décret-loi sécurité bis, appelé par-delà les Alpes décret Salvini, converti en loi suite au vote de confiance du 5 août 2019, en constitue l'acmé. Il apparaît en tout point criminogène et liberticide. Il prévoit en effet que le ministre de l'Intérieur puisse restreindre ou interdire l'entrée ou le transit de navires dans la mer territoriale ou le séjour dans celle-ci pour des raisons d'ordre public, c'est-à-dire lorsqu'il est présumé qu'il y a eu infraction à la loi sur l'immigration et, en particulier, que l'infraction d'aide et d'encouragement à l'immigration illégale a été commise.

L'article 2 établit une sanction allant de 150 000 à un million d'euros pour le capitaine du navire « en cas de violation de l'interdiction d'entrée, de transit ou de stationnement dans les eaux territoriales italiennes ». Une sanction supplémentaire permet également la saisie du navire. Il est également prévu l'arrestation en flagrant délit du commandant qui commet « le crime de résistance ou de violence contre les navires de guerre ». Si la saisie du navire est confirmée, le bateau devient la propriété de l'État, qui peut l'utiliser, le vendre ou le détruire deux ans après la confiscation…

On voit, derrière les mesures les plus choquantes relevées par la presse, l'intention de ce texte antimigrants : ériger ainsi un acte de solidarité en crime. On a pu hélas constater, dès l'accès de Salvini au *Viminale*, que ses rodomontades étaient suivies d'actes, depuis la crise de l'Aquarius jusqu'à l'interpellation en juin 2019 de Carola Rackete, capitaine allemande du Sea Watch 3 ayant osé défier le ministre de l'Intérieur en forçant le blocus de l'Italie pour accoster son navire, qui transportait quarante migrants en détresse.

La justice italienne invalida son arrestation, ce qui provoqua la fureur du *Capitano*. Il est certain que la justice n'hésite pas à contenir les effets les plus saillants et les moins ragoûtants de la politique de Salvini. Deux de ses plus hautes instances, la Cour de cassation et la Cour constitutionnelle ont eu à se prononcer sur certaines des dispositions du texte, n'hésitant pas à en limiter les contours, voire à les censurer. La première a rendu le 19 février une décision[2] ordonnant la non-rétroactivité du décret-loi Salvini qui, entre autres dispositions, avait restreint très largement les possibilités d'obtention de la protection humanitaire pour les demandeurs d'asile. Les demandes déposées avant le 5 octobre 2018, date d'entrée en vigueur des nouvelles dispositions, devaient être, juge la Haute juridiction, examinées selon les règles antérieures au décret. La *Consulta*, dans deux décisions rendues le 29 juillet 2019[3], a certes validé pour l'essentiel, malgré une censure de dispositions ne concernant pas les

[2] http://questionegiustizia.it/doc/cass_4890_2019.pdf.pdf.

[3] http://www.giurcost.org/decisioni/2019/0194s-19.html, http://www.giurcost.org/decisioni/2019/0195s-19.html.

dispositions en matière migratoire, certaines des dispositions déférées devant elles par les régions de Calabre, d'Émilie-Romagne, des Marches, de Toscane et d'Ombrie qui contestaient la violation de leurs compétences. En l'espèce, la Cour constitutionnelle a fait une juste application du droit dans le cadre de ces recours, car ayant considéré, à raison, que les compétences relatives aux politiques d'immigration, d'asile et de conditions juridiques de l'étranger relevaient exclusivement de la compétence étatique, comme c'est classiquement le cas dans tous les pays, quelle que soit la forme de leur État, unitaire, fédérale ou régionale. Pour autant, elle n'eut pas à se prononcer sur l'essentiel du texte, notamment les peines encourues pour « délit de solidarité », ne pouvant statuer *ultra petita*, de sorte que ces décisions ne préjugeaient en rien d'un recours en inconstitutionnalité ultérieur.

Cette politique ultra-répressive, et très populaire, n'est cependant pas complètement nouvelle. En 2009, un autre ministre issu de la *Lega* (alors *Lega Nord* alliée au parti de Berlusconi *Forza Italia*, le *Cavaliere* étant alors pour la troisième et dernière fois président du Conseil), Roberto Maroni, faisait intercepter en haute mer les embarcations de migrants pour renvoyer ces derniers en Libye, se prévalant alors d'accords bilatéraux conclus avec Kadhafi. À ce titre, l'Italie fut condamnée par la Cour européenne des Droits de l'Homme, dans un arrêt exemplaire du 23 février 2012 rendu en Grande Chambre (CEDH, affaire Hirsi Jammaa et autres c. Italie, 27765/09[4]) pour violation non seulement de l'article 3 (« Nul ne peut être soumis à la torture ni à des peines ou traitements inhumains ou dégradants »), mais également de son article 4 (« Nul ne peut être tenu en esclavage ni en servitude »).

Relativement au décret Salvini, sans s'avancer outre mesure ni prétendre à l'exhaustivité, on peut affirmer pour autant qu'il a violé plusieurs textes, tant au plein interne qu'international. Citons non seulement la Constitution italienne en son article 2 (« La République reconnaît et garantit les droits inviolables de l'homme… »), mais encore plusieurs normes internationales.

[4] https://hudoc.echr.coe.int/app/conversion/pdf/?library=ECHR&id=001-1092 30&filename =001-109230.pdf&TID=xnmavdoyhv.

Si l'on excepte la Déclaration universelle des droits de l'homme de 1948, qui n'a pas de portée normative, on peut chronologiquement invoquer la Convention européenne des droits de l'Homme de 1950, la Convention de Genève de 1951 relative au statut des réfugiés, les deux pactes internationaux de 1966 relatifs aux droits économiques, sociaux et culturels d'une part, aux droits civils et politiques d'autre part, la Convention internationale de 1979 sur la recherche et le sauvetage maritime, la Convention des Nations Unies de 1982 sur le droit de la mer (dite Convention de Montego Bay), et enfin la Charte des droits fondamentaux de l'Union européenne de 2000. Or, la constitution italienne de 1947 dispose, en son article 10, que « l'ordre juridique italien se conforme aux normes du droit international généralement reconnues », sans distinguer bien sûr selon la portée régionale (en l'occurrence européenne) ou universelle des stipulations contenues dans les différents traités.

On ne peut savoir au préalable, pas plus aujourd'hui qu'hier, si les migrants fuient leur pays pour des raisons économiques ou politiques. On observera que la Convention de Genève précitée, relative au statut des réfugiés, stipule qu'« Aucun des États contractants n'expulsera ou ne refoulera, de quelque manière que ce soit, un réfugié sur les frontières des territoires où sa vie ou sa liberté serait menacée en raison de sa race, de sa religion, de sa nationalité, de son appartenance à un groupe social ou de ses opinions politiques ». Dans sa note sur la protection internationale du 13 septembre 2001 (A/AC.96/951, § 16), le Haut-Commissariat des Nations unies pour les réfugiés (HCR), instance veillant au respect des obligations prescrites par la Convention de Genève, a indiqué que le principe énoncé précisément dans cette stipulation de « non-refoulement » était « un principe de protection cardinal ne tolérant aucune réserve ». À bien des égards, ce principe est le complément logique du droit de chercher asile reconnu dans la Déclaration universelle des droits de l'homme. Ce droit en est venu à être considéré comme une règle de droit international coutumier liant tous les États. En outre, le droit international des droits de l'Homme a établi le non-refoulement comme un élément fondamental de l'interdiction absolue de la torture et des traitements cruels, inhumains ou dégradants. L'obligation de ne pas refouler est également reconnue comme s'appliquant aux réfugiés indépendamment de leur reconnaissance officielle, ce qui inclut de toute évidence les demandeurs d'asile dont le statut n'a pas encore été déterminé. Elle couvre toute mesure attribuable à un État qui pourrait avoir pour effet de renvoyer un demandeur d'asile ou un réfugié vers les frontières d'un territoire où sa vie ou sa liberté serait menacée, et où il risquerait une persécution. Cela inclut le « rejet aux frontières, l'interception et le refoulement indirect, qu'il s'agisse d'un individu en quête d'asile ou d'un afflux massif ».

Ajoutons également, sans surcharger inutilement ce texte, une stipulation particulièrement significative en la matière issue du point 3.1.9 de l'annexe de la Convention internationale de 1979 précitée sur la recherche et le sauvetage maritime :

> Les Parties doivent assurer la coordination et la coopération nécessaires pour que les capitaines de navires qui prêtent assistance en embarquant des personnes en détresse en mer soient dégagés de leurs obligations et s'écartent le moins possible de la route prévue, sans que le fait de les dégager de ces obligations ne compromette davantage la sauvegarde de la vie humaine en mer. La Partie responsable de la région de recherche et de sauvetage dans laquelle une assistance est prêtée assume au premier chef la responsabilité de veiller à ce que cette coordination et cette coopération soient assurées, afin que les survivants secourus soient débarqués du navire qui les a recueillis et conduits en lieu sûr, compte tenu de la situation particulière et des directives élaborées par l'Organisation [maritime internationale]. Dans ces cas, les Parties intéressées doivent prendre les dispositions nécessaires pour que ce débarquement ait lieu dans les meilleurs délais raisonnablement possibles.

Il est donc plus qu'envisageable que l'Italie, sur le fondement de ce précédent, soit de nouveau condamnée par la Cour de Strasbourg. Mais cela, Salvini n'en eut cure, invoquant alors, comme en son temps Berlusconi, un complot des *Toghe rosse* (juges rouges) et opposer la souveraineté du peuple à la technocratie de la magistrature.

Outre une éventuelle condamnation de l'Italie par la Cour européenne des Droits de l'Homme, l'intervention de la Cour constitutionnelle était également fort envisageable, sur le fondement même des stipulations européennes. En effet, depuis les décisions n° 348[5] et 349[6] rendues toutes deux le 24 octobre 2007, la *Consulta* juge, et ce malgré la tradition moniste de l'Italie en matière internationale, que l'article 117 alinéa 1er de la Constitution (« Le pouvoir législatif est exercé par l'État, et les Régions dans le respect de la Constitution ainsi que des contraintes découlant de l'ordre juridique communautaire et des obligations internationales ») permet de faire entrer les normes de la Convention européenne dans son champ de compétence, puisque, si celles-ci venaient à être violées par le législateur, cela entraînerait de fait violation de l'article 117, les normes internationales s'intercalant alors — le juge constitutionnel italien parle de « normes interposées » — entre le texte fondamental et la loi (solution on le sait toute différente de celle rendue par le Conseil constitutionnel dans sa décision n° 74-54 du 15 janvier 1975 dite IVG, les juges de la rue de Montpensier estimant eux qu'ils opéreraient alors un contrôle de conventionalité, débordant leur compétence d'attribution, et opposant en conséquence un déclinatoire de compétence). Il est dès lors impératif que le législateur, qu'il soit national ou régional, respecte les normes conventionnelles à peine d'inconstitutionnalité. Qu'il s'agisse alors tant de la Convention européenne des droits de l'homme que de tous les autres traités internationaux cités *supra*, la solution serait identique. On peut parier que les juges constitutionnels sauront faire usage de cette jurisprudence pour, en toute logique, invalider les dispositions les plus liberticides, contraires au droit international humanitaire et au droit de la mer.

3. Au-delà d'une appréhension strictement juridique de la politique migratoire italienne et de la ligne de fuite que constitue le décret Salvini, élargissons la focale : les pays membres de l'Union européenne auraient-ils pu, au moins en partie, induire une telle situation ? Plus spécifiquement, aurions-nous, en tant que Français, une quelconque part de responsabilité, serions-nous comptables de cette dérive ? Le ciel vire au gris hélas et l'Italie n'est pas seule à voir pousser la mauvaise herbe sur les

[5] http://www.giurcost.org/decisioni/2007/0348s-07.html.
[6] http://www.giurcost.org/decisioni/2007/0349s-07.html.

plates-bandes que l'on croyait ordonnées de la maison Europe, comme si les démons que l'on croyait définitivement ensevelis surgissaient de nouveau. Il y a dira-t-on la Hongrie d'Orban, anciennement la Pologne avec le *PIS*, il y a aussi, plus proches de nous, l'Espagne, avec l'irruption dans l'ancien pays du Caudillo d'un parti assumant désormais ouvertement son positionnement d'extrême droite, il y a peut-être aussi le Royaume-Uni avec Nigel Farage. Outre-Atlantique il y eut les États-Unis, le Brésil… La liste et longue hélas. Certes, mais pour autant ce serait la première fois que l'un des pays fondateurs de la CEE, ancêtre de l'Union européenne, se livrait à l'extrême droite, usant et abusant à l'envi de la thématique migratoire, avant même l'accession au pouvoir en 2022 de Giorgia Meloni, fondatrice et leader de *Fratelli d'Italia*.

Ce « nous », qui pourrait sembler provocateur, ne signifie a priori pas que nous soyons, chacun, individuellement responsables de la dérive sécuritaire, démagogue et, osons l'affirmer, fascistoïde, qui s'affirme et se raffermit de façon infiniment préoccupante en Italie, ce pays ami, où est née l'appréhension moderne du politique sous la plume acute du « Divin Machiavel », ainsi que l'appela en 1795 le conventionnel Marc Antoine Jullien. Pourtant, si l'on y réfléchit bien, l'égoïsme des États de l'Union européenne, au premier rang desquels la France, considérée avec l'Allemagne comme son principal moteur, la faiblesse de nos dirigeants, soucieux de complaire à la frange nationaliste du corps électoral, résultent de nos choix politiques, de nos votes en faveur de nos mandataires. En cela, nous sommes malheureusement, qu'on le veuille ou non, coresponsables et nous ne pouvons nous réfugier derrière une quelconque bonne conscience humaniste.

La France n'a accueilli en 2017, peu avant que le gouvernement Conte I, que 40 575 réfugiés, soit une moyenne de 605 par million d'habitants, ce dernier chiffre devant être mis en regard de l'Allemagne, plus gros contributeur (3 945), peu avant l'Autriche (3 865) et la Suède (3 125) selon les sources Eurostat. On accuse à l'envi l'Italie de se refuser à prendre sa part, mais, à l'instar de son voisin transalpin, la générosité de son accueil est toute relative (35 130). Une telle politique n'a d'autre explication que l'absence de volontarisme politique de nos dirigeants.

Admettons qu'il est franchement chiche de part et d'autre des Alpes et particulièrement pour le pays dit des Droits de l'Homme…

Depuis quelques années, l'Italie est devenue le premier pays d'arrivée des migrants en Europe, devant la Grèce, en raison de sa situation géographique, l'île de Lampedusa n'étant qu'à 142 kilomètres des côtes tunisiennes, 300 des côtes libyennes (à mettre en regard de la distance Nice Bastia, de 210 kilomètres). Dit autrement, l'Italie, anciennement pays d'émigration, est subitement devenu un pays d'immigration, et nous le laissons seul ou pratiquement, comme nous l'avions fait avec la Grèce, face à la crise migratoire. L'Allemagne a en revanche pris sa part, accueillant massivement ces réfugiés, qu'ils soient politiques ou économiques. Cette politique a d'ailleurs, hélas, mis la chancelière Angela Merkel, et maintenant son successeur Olaf Scholz, en grande difficulté en suscitant la montée infiniment préoccupante du parti *Alternative für Deutschland* (Alternative pour l'Allemagne, *AfD*). Ce mouvement a enregistré 12,6 % des suffrages aux avant-dernières législatives de 2017, le parti refluant légèrement lors de la dernière législature de 2021, en s'établissant désormais à 10,3 points et a permis l'entrée de 94 députés au *Bundestag* en 2017, 83 en 2021, plus fort contingent de parlementaires d'extrême droite depuis les années 1930. Ne soyons néanmoins ni angéliques ni dupes. La grave crise démographique de l'Allemagne, pays vieillissant et au taux de fécondité dramatiquement bas (1,50 enfant par femme en âge de procréer) a pu contribuer en partie à cette politique généreuse. Il n'empêche… Depuis 2015, la RFA a accueilli plus d'un million de réfugiés !

À rebours d'une telle politique, la France, malgré la répétition des condamnations de la politique migratoire italienne, ne brilla certes pas. Il ne suffira ici que d'un exemple. En août 2018, l'Aquarius, navire affrété par l'organisation non gouvernementale SOS Méditerranée ayant sauvé 229 naufragés et embarqué 400 autres personnes, se vit refuser de débarquer tant sur les côtes italiennes que sur les côtes maltaises, Salvini faisant alors son premier coup d'éclat. La situation à bord devenait plus que critique. Mais, alors que Macron dénonçait « le cynisme et l'irresponsabilité du gouvernement italien », il refusa de voir débarquer les migrants en France. Le ministre des Affaires étrangères Le Drian affirma contre l'évidence, de façon aussi cocasse qu'absurde, que Valence était plus proche géographiquement de l'Aquarius. Il déclina par ailleurs l'offre de la Collectivité territoriale corse, prête à accueillir au nom de la France (et ce malgré un exécutif nationaliste) les migrants. Salvini eut alors beau jeu de répondre que la France ferait mieux d'accueillir les réfugiés avant de faire des leçons. À la résolution de la crise, la France consentit à accueillir… 78 migrants.

Il est évident que si la France est en partie responsable de la situation italienne actuelle, on ne saurait pour autant exonérer les citoyens italiens qui, par leurs votes, ont donné les commandes du pouvoir à la *Lega* qui a, en seulement quelques mois, pulvérisé le *M5S* et pour laquelle les intentions de vote sont au plus haut dans les sondages. La politique ultérieure de Giorgia Meloni ne faisant que s'inscrire dans son sillage. N'oublions cependant pas que si notre pays est, pour l'heure, à l'abri de l'extrême droite, ce n'est qu'en raison du scrutin majoritaire uninominal à deux tours et, à L'Assemblée nationale, du front républicain qui permit de contenir le *RN* en troisième position aux élections législatives de 2024 (avec néanmoins 143 sièges, si l'on compte les alliés, transfuges des Républicains de Ciotti) quand la loi électorale italienne est essentiellement proportionnelle. N'oublions pas non plus que les candidats d'extrême droite ont envoyé par trois fois, en 2002, 2017 et 2022, les candidats de la dynastie Le Pen au second tour de la présidentielle, la fille ayant doublé le pourcentage du père quinze ans après, pour atteindre en 2022 41,45 % des suffrages.

Espérons seulement pouvoir éloigner au plus loin cet augure célèbre d'Antonio Gramsci, déjà citée dans le précédent chapitre et extraite des *Cahiers de prison* : « *Il vecchio mondo sta morendo. Quello nuovo tarda a comparire. E in questo chiaroscuro nascono i mostri* » (Le vieux monde se meurt, le nouveau monde tarde à apparaître et dans ce clair-obscur surgissent les montres) »…

VOYAGE AUX *ESTREMI*
INVARIANTS DES EXTRÊMES DROITES ITALIENNE ET FRANÇAISE

> *N'incitez pas les mots à faire une politique de masse. Le fond de cet océan dérisoire est pavé des cristaux de notre sang.*
> René Char, *Fenêtres dormantes et porte sur le toit*, Paris, Gallimard, 1979.

> On peut jouer au fascisme de mille façons, sans jamais que le nom du jeu ne change.
> Umberto Eco, *Reconnaître le fascisme*, Paris, Grasset, 1997.

On ne prête pas assez attention au verbe. Aux discours, aux écrits politiques. Aux mots qu'ils véhiculent et sont, déjà, en réalité des actes, en ce qu'ils manifestent un combat, la projection d'une action à venir, dans la perspective de conquête du pouvoir. *Quand dire c'est faire* nous enseignait pourtant, en 1962, John Austin.

Pour seule preuve, hélas aussi emblématique que tragique, l'analyse que faisait Léon Blum d'Hitler, qu'il percevait inoffensif. L'ancien dreyfusard n'avait pas donné crédit aux mots du caporal autrichien arborant fièrement en toute occasion sa croix de fer. Après le reflux relatif du parti nazi lors des élections législatives du 6 novembre 1932, qui n'empêchèrent pourtant pas Hitler d'être nommé Chancelier par le président Hindenburg moins de trois mois plus tard (30 janvier 1933), le futur président du Conseil du Front populaire écrivait le surlendemain, dans le journal socialiste qu'il dirigeait, *Le Populaire* : « Hitler est désormais exclu du pouvoir ; il est même exclu, si je puis dire, de l'espérance du pouvoir. » Le 18 janvier 1933, la nomination du chef du parti nazi devenant en fait de plus en plus probable, il affirmait dans le même quotidien, sans être plus clairvoyant :

> Il est infiniment peu probable qu'une fois installé au gouvernement, Hitler se livre à des provocations directes soit vis-à-vis de la France, soit vis-à-vis des puissances de l'Est. Comme tous les aventuriers parvenus au pouvoir, il s'efforcera sans doute de prendre rang parmi les hommes d'État réguliers, parmi les puissances établies. Révolutionnaire, il s'incline aujourd'hui devant la légalité allemande. Nationaliste, il s'inclinerait demain devant la légalité internationale[1].

Et pourtant, Hitler avait tout dit, tout écrit. Et pourtant, Léon Blum fut déporté en 1943 à Buchenwald dont il ne réchappa que par miracle. Et pourtant, son frère René fut brûlé vif dans l'un des fours crématoires de Birkenau, le jour de son arrivée, en 1942.

On ne prête pas assez attention au verbe. Aux discours, aux écrits politiques. Alors, prenons au sérieux à présent la citation suivante :

> Dans quarante ans, le pullulement des espèces humaines ressuscitera les Grandes Invasions. Déjà elles ont commencé. Nos continents qui bougent, c'est l'ombre de Gengis Khan qui se dresse lentement dans le ciel. Demain, la politique mondiale se définira en termes entièrement nouveaux. La race blanche ne luttera plus pour sa prédominance économique ou politique, elle luttera pour sa survie biologique[2].

Ces phrases, écrites par Maurice Bardèche dans le contexte de la Guerre d'Algérie, doctrinaire d'une pensée fasciste entièrement revendiquée, antisémite notoire, idéologue reconnu et estimé de son camp, disent déjà tout, dans leur formulation aussi édifiante que glaçante.

---

[1] Source : J. MAITRON (dir.), *Dictionnaire biographique du mouvement ouvrier français*, Ivry sur Seine, Éditions de l'Atelier, 1982, tome 18, De la Première à la Seconde Guerre mondiale.

[2] M. BARDÈCHE, « Le racisme, cet inconnu », *Défense de l'Occident*, 6 septembre 1960, p. 3.

Cent ans après la Marche sur Rome, Giorgia Meloni, dirigeante d'un parti, *Fratelli d'Italia* (ci-après *FdI*), dont la filiation directe remonte au *Movimento sociale italiano* (*MSI*), formation néofasciste apparue dans l'après-guerre, est devenue présidente du Conseil. La même année, Marine Le Pen, première responsable du Front National (FN) puis du Rassemblement national (RN), a atteint, dans le cadre pourtant d'un scrutin présidentiel majoritaire, un score historique, dépassant 41 % des suffrages exprimés. En Hongrie, en Pologne, les chefs de l'exécutif mènent une politique dont le substrat puise ses racines dans l'idéologie d'extrême droite. Dans d'autres pays européens, des coalitions gouvernementales sont formées avec le soutien ou la participation de partis clairement rattachés à cette mouvance. Il y a peu, outre Atlantique, Trump et Bolsonaro firent frémir les chancelleries et leurs oppositions internes.

Un Monstre hante le Monde. Il mute, s'adapte, se dissimule, réapparaît, jaillit de nouveau en pleine lumière. Il arbore d'autres toilettes qu'il voudrait présentables, prétend même se parer de nobles atours, se drape dans sa dignité, malgré l'immarcescible macule de son passé de noire faucheuse. On parle à l'envi de normalisation, de dédiabolisation, on distingue néofascisme et post-fascisme, on établit une différence, nous y reviendrons, entre extrême droite — dont la notion serait trop connotée en raison du passé totalitaire des régimes qui s'y livrèrent — et populisme de droite ou national-populisme. Pourtant, telles les racines solidement établies d'un chêne multiséculaire, le substrat du discours, de l'idéologie véhiculée, demeure très similaire. Altérophobie, xénophobie, racisme[3], quelles que soient les nuances (signifiantes) de ces trois termes, et quoique ce ne soit pas le seul élément qui détermine son idéologie, imprègnent la pensée d'extrême droite. Profondément réactionnaire, elle puise sa source dans la doctrine contre-révolutionnaire du début du XIXe siècle, sous les plumes, notamment, de Joseph de Maistre et Louis de Bonald[4], elle se nourrit d'un refus des Lumières et

[3] Voir S. FRANÇOIS, N. LEBOURG, *Histoire de la haine identitaire. Mutations et diffusions de l'altérophobie* Valenciennes, Presses universitaires de Valenciennes, coll. « Pratiques et représentations », 2016.
[4] Voir notamment sur ces auteurs, J. GODECHOT, *La contre-révolution. 1789-1804*, Paris, PUF, coll. « Quadrige », 1984, pp. 93-112.

établit comme dogme l'inégalité des individus et des races. Certes, ce terme n'est plus employé, la prétendue souche biologique n'ayant plus bonne presse. Mais la notion d'ethnodifférentialisme[5], forgée par la Nouvelle Droite française et le Groupement de recherche et d'études pour la civilisation européenne (GRECE), n'est jamais que le faux-nez du racisme, sous prétexte d'une différence culturelle entre les peuples qu'il s'agirait de préserver, en raison précisément d'un « droit à la différence[6] ».

L'étude ici proposée, dédiée aux extrêmes droites italienne et française[7], est justifiée par le fait que les partis représentés au Parlement des deux côtés des Alpes, depuis respectivement 1948 et 1986 et dénommés initialement MSI et FN, ont des liens étroits, le second reconnaissant en le premier un « parti frère » qui eut longtemps l'ascendant sur lui[8], à l'image de l'emprunt de la flamme tricolore, toujours au socle des logotypes des formations héritières, FdI et RN[9]. L'antériorité du parti italien, sa représentation parlementaire précoce au regard de l'histoire de la Seconde Guerre mondiale, ont tôt fait du *MSI* un repère pour l'ensemble des extrêmes droites européennes, nourries notamment des lectures du philosophe fasciste Julius Evola, penseur d'un « antisémitisme spirituel ». Ces liens s'établirent à l'origine dans le contexte de la Guerre d'Algérie, qui vit, à travers

---

[5] Dont la source première remonte à Johann Gottfried von Herder pour lequel « La culture des hommes n'est pas la culture européenne, elle est la manifestation particulière relative à l'espace et au temps dans lesquels se situe chaque peuple ». Cité par R. MEYRAN et V. RASPLUS « Les pièges de l'identité culturelle, Paris, Éditions Berg International, 2014.

[6] R. KEUCHEYAN, « Alain de Benoist, du néofascisme à l'extrême droite respectable : Enquête sur une success story intellectuelle », *Revue du Crieur*, vol. 1, n° 6, 2017, p. 128.

[7] Pour une vision holistique du phénomène sur le continent européen voir J.-Y. Camus, N. Lebourg, *Les Droites extrêmes en Europe*, Paris, Seuil, 2015, 320 p.

[8] Sur ces liens, voir le passionnant ouvrage qui y est entièrement consacré : P. PICCO, *Liaisons dangereuses. Les extrêmes droites en France et en Italie (1960-1984)*, Rennes, Presses Universitaires de Rennes, coll. « Histoire », 2016.

[9] Sur cet emprunt, voir V. IGOUNET, P. PICCO, « Histoire du logo de deux « partis frères » entre France et Italie (1972-2016) », *Histoire@Politique* 2016/2, n° 29, pp. 220-235, Éditions Centre d'histoire de Sciences Po.

la création de l'Organisation de l'Armée secrète (OAS)[10], se recomposer progressivement l'extrême droite française. De sorte que ces deux formations purent constituer le socle à partir duquel tous les extrémismes européens de droite essayèrent, vainement, de constituer une Internationale noire. Mais la circulation des hommes et des idées jamais ne cessa, notamment dans les quatre pays latins, deux démocraties, France et Italie, deux dictatures jusqu'aux années 1970, Espagne et Portugal.

Si les écrits de Zeev Sternhell[11] ont pu être contestés[12], en tant qu'ils affirmaient que non seulement la France n'avait pas du tout été prémunie contre le fascisme, mais que, au contraire, elle aurait été le terreau où son idéologie serait née, l'historien israélien a eu l'indéniable mérite de mettre à bas « le mythe de l'allergie française au fascisme[13] », la France n'ayant pas du tout été immunisée de ce phénomène en raison, avançait-on, de sa tradition républicaine. En effet, l'historiographie hexagonale s'est longtemps, et paresseusement, contentée de reprendre la thèse des trois droites développées par René Rémond[14] (bonapartiste, légitimiste et orléaniste) excluant la quatrième, extrême, du champ d'étude critique d'histoire des Idées. Alors même que cette dernière ne pouvait s'analyser comme seulement tributaire de la droite contre-révolutionnaire, c'est-à-dire légitimiste, bien qu'elle en soit effectivement l'une de ses sources et de ses composantes (pensons aux Camelots du Roi et à l'Action française par exemple). En rangeant Vichy dans ce

---

[10] Pour une histoire de l'OAS, on suggère la lecture croisée des ouvrages suivants : R. KAUFFER, *OAS, Histoire d'une organisation secrète*, Paris, Fayard, 1986, 422 p. ; A.-M. DURANTON-CRABOL, *Le temps de l'OAS*, Bruxelles, Complexe, 1995, 319 p. ; A. RUSCIO, *Nostalgérie, l'interminable histoire de l'OAS*, Paris, La Découverte, 2015, 316 p.

[11] Notamment son ouvrage le plus important en ce domaine, Z. STERNHELL, *Ni droite, ni gauche. L'idéologie fasciste en France*, Paris, Seuil, 1983.

[12] On pourra utilement lire à ce propos cette critique sans concession : J. JULLIARD, « Sur un fascisme imaginaire : à propos d'un livre de Zeev Sternhell », *Annales. Économies, sociétés, civilisations*, 39 (4), 1984, pp. 849-861.

[13] Pour reprendre les termes choisis de Michel Dobry : M. DOBRY (dir.), *Le mythe de l'allergie française au fascisme*, Paris, Albin Michel, coll. « Idées », 2003.

[14] R. RÉMOND, *Les Droites en France*, Paris, Aubier, 1954.

courant, on écarte ainsi la spécificité du régime de l'État français. Fascisme italien et nazisme, de par l'inhumanité des régimes qu'ils ont édifiés, du totalitarisme qu'ils ont érigé en mode de gouvernement et des massacres qu'ils commirent, ont pu « éclipser » les expressions françaises des courants d'extrêmes droites d'avant-guerre, comme si le 6 février 1934[15] n'avait été qu'une date anecdotique, de sorte que le fascisme aurait été décidément étranger au génie français. Preuve en serait que, à l'exception du *Parti populaire français* de Jacques Doriot[16], aucun parti de masse n'avait réellement émergé avant la débâcle de la campagne de France en 1940. Tout au contraire, Zeev Sternhell envisagea, dans son ouvrage princeps, le fascisme sous l'angle de l'idéologie ; à cette aune, sa systématicité et son influence sur l'intelligentsia française perdent alors tout caractère allogène. Tout comme l'historien étasunien Robert Paxton[17], Zeev Sternhell renouvela ainsi en profondeur l'historiographie, un ample débat intellectuel, non dénué de polémique[18], permettant de mettre à jour le sujet.

---

[15] Le 6 février 1934, une manifestation des Ligues, c'est-à-dire des différentes mouvances d'extrême droite (Action française, Camelots du Roi, Ligue des patriotes, Croix-de-Feu et autres), ralliées au cri « À mort la gueuse », soit la République qu'ils entendaient renverser en raison notamment du scandale de l'affaire Stavisky, est organisée pour protester contre le limogeage du préfet de police de Paris, Jean Chiappe, connu pour sa proximité avec l'Action française et les Camelots du Roi. Le colonel de la Rocque, dirigeant des Croix-de-Feu, refusa le coup de force qu'un très grand nombre de manifestants lui demandaient. Suite à la dispersion de ses troupes, des heurts violents ont lieu, échauffourées ponctuées de coups de feu. C'est alors que des milliers de manifestants convergèrent vers le Palais Bourbon, siège de la chambre des députés. L'émeute, d'une violence inédite dans l'entre-deux-guerres, se soldera par un bilan très lourd de 19 morts et 657 blessés. Pour une analyse claire et synthétique de cette journée factieuse, lire F. MONNIER, *Le complot dans la République. Stratégies du secret, de Boulanger à la Cagoule*, Paris, La Découverte, coll. « L'espace de l'histoire », 1998, pp. 247-269.

[16] Sur le PPF comme « seul grand parti fasciste de masse qui se soit développé en France » dans l'entre-deux-guerres, voir P. MILZA, *Les Fascismes*, Paris, Point/Seuil, 1985, pp. 348-357.

[17] R. PAXTON, *Vichy France : Old Guard and New Order, 1940-1944*, New York, Alfred A. Knopf, 1972, traduit une année après, R. PAXTON, *La France de Vichy*, Paris, Seuil, 1973.

[18] Voir par exemple cette courte recension critique, concentrant les critiques récurrentes faites à Sternhell, à propos d'un ouvrage collectif auquel il fut

Parce qu'en réalité, tant en Italie qu'en France les extrêmes droites ont pu prospérer sur un terreau idéologique commun et que l'illusion d'une absence d'imprégnation de la pensée fasciste dans l'hexagone relève d'un mythe heureusement dépassé, il semble que soit ainsi justifié l'objet de cette étude, qu'on l'appréhendera en quatre temps.

Avant de décrire la source matricielle des extrêmes droites et leur substrat idéologique (2), on réfutera tout d'abord la catégorie « populisme », impropre quant à l'approche du phénomène, beaucoup plus spécifique (1). Il s'agira ensuite de procéder à une archéologie des extrêmes droites italienne et française depuis la Seconde Guerre mondiale (3), et enfin de déceler, derrière les apparentes mutations des discours des responsables actuels des quatre principales mouvances des pays latins objet de ce travail[19], les invariants structurels caractéristiques de la permanence du phénomène étudié (4).

1. Réfutation de la catégorie Populisme de droite ou National-populisme

Si, depuis le début de ce texte, ont prévalu les termes « extrême droite » ou, mieux, « extrêmes droites » au pluriel, tant cette famille politique est multiple et protéiforme[20], c'est parce

---

associé : J. L. STANLEY, « Zeev Sternhell, Mario Sznajder, Maia Asheri, Naissance de l'idéologie fasciste », *Mil neuf cent*, n° 7, 1989, Les congrès, lieux de l'échange intellectuel 1850-1914, pp. 207-214.

[19] Giorgia Meloni pour *Fratelli d'Italia*, Matteo Salvini pour la *Lega*, Marine Le Pen pour le Rassemblement national et Éric Zemmour pour Reconquête.

[20] C'est l'effective habilité politique de Jean-Marie Le Pen qui a permis, en 1972, d'unifier les principaux courants de l'extrême droite française qui, jusque-là groupusculaires, n'avaient cessé de s'adonner à la maladie infantile (pour paraphraser Lénine) de l'extrême droite, avec sa cohorte de scissions, dissolutions, reconstitutions. Il s'agissait dans un premier temps d'une alliance électorale entre les différentes petites formations en vue des élections législatives de 1973 (alliance en réalité dominée par le mouvement Ordre nouveau, héritier d'Occident dissous en 1968, et composé pour la plupart des mêmes dirigeants ; ON était lui-même appelé à disparaître par dissolution en Conseil des ministres en 1973). Le nouveau FN réussit à présenter alors plus d'une centaine de candidats en France, issus pour la plupart d'ON. Sur *Ordre nouveau* et ses relations avec le parti de Jean-Marie Le Pen voir N. LEBOURG, J. PREDA, J. BEAUREGARD *Aux racines du FN. L'histoire du mouvement Ordre Nouveau*, Paris, Fondation Jean Jaurès, 122 p. ; N. LEBOURG, J. PREDA, « Ordre

qu'on ne saurait en diluer sa spécificité en la fondant dans la notion, à la vérité très labile, de populisme, consacrée tant par le monde médiatique (c'est une chose) que (plus préoccupant) le monde scientifique. On doit l'import de ce terme à Pierre-André Taguieff qui le popularisa, si l'on ose dire, il y a une quarantaine d'années[21] et, de notion mouvante, le mot populisme fit ainsi florès et se mua en « concept », entretenant un hasardeux confusionnisme, qu'il s'agira ici de critiquer.

En effet, ainsi que le relève Annie Collovald, dans les pas de laquelle la première partie de cet article inscrit son sillage,

> La notion telle qu'elle est construite par P.-A. Taguieff et reprise par les autres savants français est directement issue des débats portant sur la "nouvelle droite américaine". Le "populisme" se définit ici contre d'autres définitions en cours aux États-Unis tant dans l'univers savant qu'à gauche de l'échiquier politique. Il vise à donner une apparence populaire et d'éthique philanthropique à une entreprise néoconservatrice sur le plan économique et politique, pour mieux la présenter comme révolutionnaire et déstabiliser les conservateurs jugés dépassés. L'enjeu n'est pas, on le comprend, de bouleverser l'ordre établi au profit des groupes les plus démunis ; il est de le bouleverser au profit de ces nouveaux prétendants, au profil social décalé par rapport aux membres de la haute bourgeoisie qui tiennent les places fortes de l'économie et de la décision politique, et bien plus radicaux dans le libéralisme économique que l'ancienne élite néolibérale[22].

Ce « populisme-là » est donc très spécifique, circonscrit à une situation donnée et à un pays donné, dans la perspective d'une (contre) révolution idéologique et économique qui apparut précisément aux États-Unis dans les années 1980 et a finalement peu à voir avec la signification qui va lui être donnée après que

---

nouveau : fin des illusions droitières et matrice activiste du premier Front national », in *Studia Historica. Historia Contemporánea*, n° 30, 2012.

[21] P.-A. TAGUIEFF, « Les droites radicales en France », *Les Temps modernes*, n° 465, 1985, pp. 271-303. Voir aussi, entre autres, dans la foisonnante production scientifique de cet auteur, P.-A. TAGUIEFF, *L'illusion populiste*, 2002, Paris, Éditions Berg International, 182 p., ID. *Le nouveau national-populisme*, Paris, CNRS, 2012, 128 p.

[22] A. COLLOVALD, « Le populisme : de la valorisation à la stigmatisation du populaire », *Hermès, La Revue*, 2005/2, n° 42, CNRS, p. 158.

Pierre-André Taguieff en eut repris le terme. D'autant que, jusqu'alors, son emploi revêtait une tout autre acception. Ainsi que le souligne Annie Collovald, « Si le mot stigmatisait, c'était moins pour insister sur la dangerosité d'une mobilisation politique "directe" du peuple que sur le danger que représentaient pour le peuple des prétentions à le défendre venues d'intellectuels ou d'hommes politiques ne faisant que projeter sur lui leurs propres aspirations et leurs propres intérêts ». De sorte que le terme populisme était mobilisé dans un tout autre champ, l'autrice affirmant qu'il

> avait pris ainsi une consistance scientifique surtout dans le secteur de la sociologie des intellectuels ou de la culture (Bourdieu, Grignon, Passeron). Là aussi, la notion (et son versant conjoint, le misérabilisme) visait à montrer combien les écrits des intellectuels sur le peuple étaient des formes de rationalisations de leurs propres rapports au peuple et, qu'à ce titre, elles constituaient autant d'obstacles à un accès véritable à la culture populaire. Le sociologue, en tant qu'intellectuel, devait s'obliger à se dépendre de ces visions schématiques qui hantaient son regard sur les groupes populaires[23].

On ne voit pas, ici, combien les notions de populisme ensuite développées ont un quelconque rapport avec la signification première du terme.

Mais, pourra-t-on objecter, on a vu souvent, y compris dans l'histoire des Idées, un terme évoluer dans son acception propre. Admettons et creusons alors quel sens revêt-il pour les intellectuels qui l'emploient. Et attachons-nous d'abord, dès lors qu'il est qualifié « de droite », à en cerner les aspects distinctifs relativement à l'extrême droite. Pour Guy Hermet par exemple[24], cette dernière expression serait tout d'abord stigmatisante, frapperait d'anathème l'adversaire et constituerait de la sorte la forme ultime de l'invective politique. Il n'est pourtant pas établi que l'appellation « populiste » soit perçue par son récipiendaire comme le plus choisi des compliments… Par ailleurs, elle ne pourrait plus rendre compte de l'hétérogénéité exponentielle des

---

[23] ID, pp. 157-158.

[24] G. HERMET, *Les populismes dans le monde. Une histoire sociologique, XIXe – XXe siècle*, Paris, Fayard, 2001, 479 p.

formations concernées (européennes notamment)[25]. On rétorquera aisément qu'il y a toujours eu des spécificités nationales, voire régionales ou sécessionnistes à ces mouvements et que cela n'empêcha nullement de les faire entrer dans la catégorie extrême droite. Enfin, l'acceptation par les formations situées dans ce champ des règles démocratiques du jeu parlementaire et de la libre compétition électorale résultant du pluralisme ne permettrait plus de les qualifier de telles. Étonnante assertion que cette dernière et assurément la plus critiquable : le *Caudillo* est parvenu au pouvoir à la suite d'un *pronunciamiento* et d'une guerre civile, certes, mais tant le *Führer* nazi que le *Duce* fasciste ont accepté dans un premier temps, et jusqu'à leur accession au pouvoir, les règles de l'élection[26]. À cette aune-là seuls Occident ou Ordre nouveau dans la France des années 1960 et 1970, parce que refusant le compromis démocratique et se

---

[25] Voir en ce sens, notamment, A. MASTROPAOLO, « Quatre hypothèses sur le succès de la droite antipolitique », *in* J. CHÊNE, O. IHL, G. WATERLOT (dir.), *La tentation populiste au cœur de l'Europe*, Paris, La découverte, coll. « Recherches », 2003, p. 51. La citation *in extenso* est intéressante en ce que, pour autant, l'auteur ne semble pas des plus convaincus : « Depuis trente ans, sont apparus nombre de nouveaux acteurs difficiles à répartir entre les familles politiques. S'ils semblent appartenir à la droite dont ils partagent l'anti-égalitarisme et la vision naturaliste de la société, il est plus difficile de les situer à l'extrême droite car ils s'affirment respectueux des règles et des principes de la démocratie pluraliste, et les respectent apparemment. En revanche, c'est une droite poussée à l'extrémisme par la position de ses électeurs dans l'espace politique, mais aussi par des aspects souvent racistes de son programme et de son langage, et par une pratique de la démocratie libérale qui la fausse et la prive de sens. C'est cette tension qui suggère d'utiliser le concept de populisme. » Notons, ne serait-ce, que l'emploi du verbe « suggérer ».

[26] Mussolini révéla d'ailleurs son vrai visage plus tardivement qu'Hitler puisque l'incendie du Reichstag, moins d'un mois après qu'il fut désigné chancelier, fournit l'occasion à ce dernier, dès le 28 février 1933, par décret présidentiel « pour la protection du peuple et de l'État » (connu en Allemagne sous le nom de *Reichstagsbrandverordnung*) de suspendre *sine die* l'essentiel des libertés civiles et politiques. Le *Duce* lui, un temps déstabilisé par l'assassinat du député socialiste Giacomo Matteotti en 1924, profita de la « sécession aventiniana » (par laquelle une partie de l'opposition protesta contre le président du conseil, le PCI n'y participant pas, estimant cette tactique trop dangereuse car laissant ainsi les mains libres au Duce) pour faire adopter les lois fascistissimes (en 1925 et 1926) transformant définitivement le régime en dictature. Il y eut donc, au tout début du *Ventennio*, un régime fasciste parlementaire qui dura environ trois ans.

livrant à des combats de rue très violents, pourraient alors être valablement qualifiés de mouvements d'extrême droite. Il ne serait même pas fermement assuré qu'aujourd'hui les *Identitaires* français ou le mouvement *CasaPound* italien pussent être rangés dans cette catégorie. On peut convenir que c'est pour le moins déroutant.

Par ailleurs, autre critique d'importance, en rangeant des formations ou mouvements politiques diamétralement opposés, en raison de caractéristiques également attribuables aux deux bords (notamment l'appel direct au peuple), sous le vocable commun de « populisme », on feint d'oublier que les idéologies dont ils se revendiquent sont situées aux antipodes. Mais n'est-ce pas, finalement, l'un des objectifs revendiqués ? Pas seulement par les extrêmes droites (rappelons le fameux slogan « Ni droite, ni gauche, Français ! » de 1995[27]), mais aussi (involontairement ?) par les auteurs qui ont diffusé cette notion. Ce faisant, ils tendraient à enterrer la *summa divisio* gauche/droite qui a, depuis le débat sur le veto royal de la Constituante révolutionnaire, structuré la vie politique. Pascal Perrineau, auteur d'un efficace *Que sais-je ?* consacré au populisme[28], cite à ce sujet très honnêtement un article de l'une des adversaires les plus résolues de cette expression, Annie

[27] Ce slogan, suggéré par Samuel Maréchal, alors directeur national du Front national de la jeunesse, à Jean-Marie le Pen (dont il est le gendre), fut accepté par le président du FN, non sans susciter quelques remous à la « base », certains courants critiquant la dilution de l'idéologie de leur formation en revendiquant tout au contraire l'étiquette extrême droite ou droite nationale. Le journal *National hebdo*, aujourd'hui disparu (il a déposé le bilan en 2008), qui était considéré comme l'organe officieux du FN, s'en est fait insidieusement le relais, publiant la lettre d'un militant qui accusait les dirigeants du Front national de vider le parti de son contenu doctrinal. « Attirer à nous les électeurs de gauche en essayant de leur faire croire que le FN n'est pas aussi à droite qu'il le prétend ou qu'on le dit, c'est leur mentir et se mentir à soi-même, ou alors le FN n'est plus le FN » écrivait-il (source : journal *Libération*, édition du 19 février 1996). Ce militant devait ignorer que Jacques Doriot, futur fondateur et dirigeant du *PPF*, et déjà entré en dissidence du PCF, lança pour la première fois son fameux mot d'ordre, repris ensuite par le PPF quand il bascula définitivement à l'extrême droite, dans un meeting politique à l'Alcazar de Marseille : « Ni gauche, ni droite : France d'abord. » À l'évidence, Samuel Maréchal, lui, ne l'ignorait pas.

[28] P. PERRINEAU, *Le populisme*, Paris, PUF, coll. « Que sais-je ? », 2021, p. 6.

Collovald, que nous avons déjà rencontrée[29]. Or, on l'a dit, les extrêmes droites trouvent leur matrice première (mais non exclusive) dans la doctrine contre-révolutionnaire du début du XIXe siècle et, consécutivement, dans le refus du rationalisme des Lumières quand, tout au contraire, les extrêmes gauches les revendiquent[30].

On repère, certes, des similitudes entre « populismes » de gauche et de droite. Notamment, on l'a dit, dans l'appel direct au peuple, mais aussi dans la dénonciation des élites (ou de la « caste »), en ce qu'elles seraient nécessairement opposées au peuple, jamais véritablement défini, mais toujours idéalisé, dans le rapport entre *Eux* et *nous*, qui fait d'ailleurs penser à la sinistre dichotomie amis/ennemis de Carl Schmitt[31].

Sauf que le Peuple dont il s'agit, de toutes les façons insaisissable, n'est, décidément, pas le même, d'où, selon nous, le confusionnisme criant de la catégorie ici critiquée. Quand les extrêmes gauches idéalisent le peuple en armes défendant la Nation à Valmy, les marins de Potemkine ou, selon la mouvance anarchiste, ceux de Kronstadt, quand ils en appellent au prolétariat, aux « gens » qui ne sont pas issus de l'élite, en ce que cette dernière, dans le cadre de la lutte des classes, serait structurellement oppressive, les extrêmes droites ont une approche organiciste, biologiste ou culturelle d'un peuple

---

[29] A. COLLOVALD, « Le populisme comme stigmatisation », *in* Fondation Copernic, *Manuel indocile de sciences sociales*, Paris, La découverte, 2019, pp. 419-423. Voir aussi l'article déjà cité A. COLLOVALD, « Le populisme : de la valorisation à la stigmatisation du populaire ».

[30] Tout en les dépassant, en se réclamant aussi et entres autres du marxisme et de la Révolution d'Octobre, soit non seulement des droits « formels » issus de la Révolution française, mais également à tout le moins des droits « substantiels » dans la critique de l'auteur allemand.

[31] C. SCHMITT, *La notion de politique. Théorie du partisan*, trad. Marie-Louise Steinhauser, préf. Julien Freund, Paris, Flammarion, 1992. Dichotomie revendiquée par Chantal Mouffe, seule théoricienne d'un hypothétique « populisme de gauche », avec des aménagements conséquents dans la catégorisation des adversaires (C. MOUFFE, « Penser la démocratie moderne avec, et contre, Carl Schmitt », *Revue française de science politique*, vol. 42, n° 1, février 1992, p. 89). La philosophe belge, qui se situe politiquement sans ambages à gauche, conceptualise le « populisme de gauche » en tant qu'instrument de combat mais on chercherait en vain, au-delà du dépassement conceptuel intéressant qu'elle propose, un contenu programmatique opératoire.

ancestral, « de souche », dont les racines fantasmées seraient immuables, de sorte que les « entrants », qu'ils fussent immigrés ou devenus nationaux, sont nécessairement suspects, en ce qu'ils altéreraient la « pureté » du peuple, d'où la hantise absolue du métissage. Quand les premières sont inclusives, les autres sont exclusives. Il en est logiquement de même quant à la Nation, ainsi que l'a démontré il y a une trentaine d'années fort pertinemment Michel Winock[32] qui distingue deux formes antithétiques de nationalismes, un « nationalisme ouvert », issu de l'universalisme révolutionnaire et républicain, concevant la nation en termes de volontarisme, qu'il oppose à un « nationalisme fermé » qui raisonne en termes d'inconscient biologique et de déterminisme organiciste s'appuyant sur le refus de la modernité, l'obsession de la décadence, la xénophobie et l'antisémitisme, quoique ce dernier disparaisse dans le discours des extrêmes droites parlementaires contemporaines, nous y reviendrons.

Il ne s'agit certes pas ici d'idéaliser ou de magnifier les extrêmes gauches. Il est vrai, sans qu'il s'agisse de les stigmatiser toutes, que certains de leurs courants, ceux ayant basculé dans la clandestinité dans le sillage des événements de 1968, ont pu, dans les années 1970 et 1980, se livrer à des actions violentes voire à un terrorisme sanglant. En France avec Action directe, mais aussi et surtout en Italie, pendant les années de plomb, où tant l'extrême droite — adepte de la stratégie de la tension et à ce titre responsable de massacres inouïs, dont le point culminant survint lors de l'attentat de la gare de Bologne de 1980 qui anéantit 85 vies — que l'extrême gauche, avec notamment la capture puis l'assassinat par les Brigades Rouges en 1978 d'Aldo Moro, figure historique de la Démocratie chrétienne[33], purent répandre

---

[32] M. Winock, *Nationalisme, antisémitisme et fascisme en France*, Paris, Le Seuil, 1990, coll. « Points Histoire », 446 p.

[33] Ancien président du Conseil de 1963 à 1968 puis de 1974 à 1976, Aldo Moro était, depuis 1976, président de la *DC*. Il avait tendu la main à Enrico Berlinguer, secrétaire général du *Parti communiste italien*, dans le cadre du *compromesso storico*, ce compromis historique qui aurait permis au *PCI* d'accéder aux responsabilités nationales en entrant au gouvernement. Cette alliance, jugée contre-nature et manifestant pour les extrêmes gauches italiennes la trahison des classes populaires par le *PCI*, lui aura certainement coûté la vie.

sang, effroi et désolation. Il s'agit seulement de rappeler que les sources auxquelles s'abreuvent extrêmes gauches et extrêmes droites n'ont décidément pas la même saveur.

Cette notion est enfin critiquable en ce qu'elle relève, de par l'utilisation du terme même de populisme, d'une défiance sinon d'un mépris des classes populaires, auxquels on pourrait par ailleurs ajouter un paternalisme misérabiliste. Parce qu'on postule qu'elles sont nécessairement moins éduquées, elles seraient plus à même de céder aux sirènes des démagogues qui n'ont de cesse de les flatter et de les rehausser symboliquement en identifiant un adversaire fantasmé ou un ennemi insaisissable (les élites, l'immigré, l'étranger, les « puissants », la « caste »…)[34]. La « scientificité » de la notion se fonderait sur des études d'opinion ou sondages qui révéleraient leurs tendances électorales. Ces derniers n'ont en fait qu'une valeur relative, non seulement de par leur échantillon, parfois peu représentatifs, mais surtout en raison d'une hausse massive de l'abstention, en France et depuis peu en Italie, nourrie plus encore par les classes populaires. Il est par exemple inexact, scientifiquement parlant, d'affirmer que l'ancien électorat communiste en France se serait mécaniquement reporté sur le FN puis le RN, qui aurait récupéré la fonction tribunitienne du PCF[35], tout d'abord en regard du renouvellement des générations, mais aussi en raison de l'abstentionnisme incomparablement plus élevé aujourd'hui que dans les décennies 70 ou 80. Par ailleurs, dans un ouvrage très documenté traçant les liens complexes entre le vote des Français depuis 1789 et le statut social et géographique des électeurs, Julia Cagé et Thomas Piketty ont démontré qu'il fallait désormais établir une distinction entre l'électorat populaire selon qu'il est rural ou urbain[36]. La classe populaire urbaine, majoritairement

[34] « Leur crédulité, liée à leur manque d'éducation, serait renforcée par la crise sociale qui aurait suscité chez eux une anomie et une insatisfaction politique nouvelle et durable les rendant disponibles pour les partis les plus extrêmes (exploitant leurs « malaises sociaux » contre la démocratie) », A. COLLOVALD, « Le populisme : de la valorisation à la stigmatisation du populaire », *op. cit.*, p. 155.

[35] Sur la fonction tribunitienne du *PCF*, G. LAVAU, *À quoi sert le Parti communiste français ?* Paris, Fayard, 1981, 443 p.

[36] J. CAGÉ, T. PIKETTY, *Une histoire du conflit politique. Élections et inégalités sociales en France*, 1789-2022 Paris, Seuil, coll. « Éco-histoires », 2023, 864 p.

composée d'employés, vote encore aujourd'hui, contrairement aux idées reçues, beaucoup à gauche. La classe populaire rurale, quand elle exprime son suffrage, verse, elle, plus vers l'extrême droite. Répétons : quand elle vote, dans un contexte d'abstention massive. De sorte même qu'on ne puisse plus parler, en soi, de « classe populaire », mais qu'il faille encore distinguer de quel type, géographiquement situé, de classe*s* populaire*s* on parle. Enfin, il a été établi que le vote Zemmour en 2022 était principalement composé d'un électorat très conservateur et socialement aisé[37]. Il semble ainsi que la catégorie populisme de droite n'est même plus adaptée à la réalité du phénomène étudié. Il apparaît alors qu'on ne peut élever ce terme même de populisme ni au rang de concept, ni même à celui de notion.

Alors qu'on assiste bien plutôt à une défiance prolongée vis-à-vis des institutions représentatives, en raison du rapprochement des gauches et droites dites de gouvernement en matière de politique économique, phénomène commun non seulement à l'Italie et la France, mais aussi à la quasi-totalité des pays occidentaux, on met en avant un péril démocratique, on dénonce les comportements électoraux des classes populaires plutôt que de s'atteler à identifier les causes de leur désaffection politique comme si elles, et elles seules, seraient responsables de la crise à laquelle on assiste depuis une trentaine d'années. « Puisque le peuple vote contre le Gouvernement, il faut dissoudre le peuple », écrivait de façon acide Bertolt Brecht en 1953 dans son poème *Die Lösung*…

2. Identification de la catégorie *Extrêmes droites*

Après avoir tenté de définir négativement la catégorie « extrêmes droites » au pluriel et non au singulier (tant il y a de

[37] « La géographie du vote Reconquête ! porte également la marque de la capacité qu'a eue le candidat à capter un autre électorat, distinct de celui du RN, à savoir un électorat de droite conservateur et assez, voire très aisé. C'est très net en Île-de-France par exemple, avec des scores élevés dans les beaux quartiers parisiens : 17,5 % dans le 16e arrondissement, 15,3 % dans le 8e et 13,9 % dans le 7e (arrondissements dans lesquels Zemmour arrive en deuxième place), mais aussi 18,8 % à Neuilly ou bien encore 18,5 % à Versailles, villes dans lesquelles il vire également en deuxième position », J. FOURQUET, S. MANTERNACH, « Géographie du zemmourisme », *Hérodote*, 2022/4, n° 187, p. 222.

nuances de gris[38]) en rejetant le concept de populisme, comment la définir positivement ? On n'utilisera pas ici les caractéristiques dessinées par Umberto Eco pour deux raisons : parce qu'elles sont peut-être trop nombreuses d'une part, quatorze[39], parce qu'elles renvoient à ce que le prestigieux philosophe et sémioticien italien appelle l'*Ur*-fascisme, d'autre part, soit le fascisme primitif. Les différentes catégories qu'il dégagea ne peuvent être toutes mobilisées pour caractériser les extrêmes droites contemporaines. Elles relèvent bien plutôt à notre sens de l'historicisation des totalitarismes fasciste et nazi. Malgré ce, elles ont l'intérêt de rappeler dans quelles conditions sont-ils originellement apparus d'une part, et d'alerter du danger d'une hypothétique réitération, sous d'autres formes, des catastrophes qui ensanglantèrent le XXe siècle d'autre part.

On a rappelé, dans les premiers développements de cette étude, que le plus petit dénominateur commun des extrêmes droites résidait dans une pensée réactionnaire, dans son acception la plus stricte, rejetant l'héritage des Lumières et de la Révolution française, en ce que, structurellement, ces extrêmes fondaient leur pensée première sur l'inégalité entre les hommes et les races, sous couvert aujourd'hui d'une différenciation culturelle. Il

---

[38] Pas plus qu'il n'existe une catégorie univoque d'extrême droite il n'existe pas *une* droite, *une* extrême gauche, *une* gauche mais bien *des* droites (cf. R. RÉMOND, *Les Droites en France*, *op. cit.*), *des* extrêmes gauches et *des* gauches (voir *supra* « La gauche contre elle-même ? ».

[39] Dans *Reconnaître le fascisme* (*op. cit.*), Umberto Eco caractérise ainsi de façon passionnante et limpide, dans un très court texte issu d'un discours qu'il a prononcé aux Etats-Unis à la Columbia University, ce fascisme primitif en dégageant quatorze caractéristiques : 1- Le culte de la tradition. 2- Le refus du modernisme, de la Révolution et donc du rationalisme des Lumières, cause de décadence. 3- l'action pour l'action, sans réflexion. 4- la réfutation de l'esprit critique, le désaccord s'analysant comme une trahison. 5- Le consensus suscité par la peur de la différence, terreau du racisme. 6- l'instrumentalisation des classes moyennes ou populaires affectées par les crises économiques par la désignation de l'ennemi. 7- Le nationalisme, en tant que rempart contre l'ennemi. 8- le fantasme de la richesse de l'ennemi. 9- la guerre permanente annonçant un âge d'or futur pacifique après la victoire de la Nation. 10- l'élitisme populaire et, ainsi, la nécessité de la hiérarchie. 11- l'héroïsation 12- l'obsession viriliste, entraînant machisme et homophobie. 13- L'unité du peuple, seul titulaire de droit, les droits individuels étant niés. 14- l'utilisation d'une novlangue, source d'appauvrissement volontaire du vocabulaire aux fins de restreindre toute pensée critique.

apparaît ainsi nécessaire d'exposer, dans un premier temps, et fût-ce brièvement, la pensée contre-révolutionnaire, telle qu'elle a été élaborée par ses pionniers, Joseph de Maistre et Louis de Bonald, mais aussi, dans une autre mesure, par Johann Gottfried von Herder et Edmund Burke, puis de voir leur réactualisation vingtiémiste à travers l'identification de l'ennemi sous la plume de Charles Maurras. L'étude ne prétend pas à l'exhaustivité. Il ne s'agit pas d'analyser la pensée de tous les auteurs, tant la littérature contre-révolutionnaire fut foisonnante, mais seulement d'isoler certains d'entre eux, à notre sens parmi les plus emblématiques, car les extrêmes droites y purent trouver leur dorsale idéologique première.

On pense moins spontanément au philosophe allemand Herder en tant que penseur contre-révolutionnaire. Et pourtant, ce dernier, dans une pensée richement articulée, a conceptualisé une pensée *différentialiste*, largement exploitée plus tard par les extrêmes droites et adaptée par la Nouvelle Droite française qui, par substitution au racisme, inventa la catégorie « ethno-différentialisme », ainsi qu'il a déjà été dit en introduction. Résumons simplement son propos[40]. Herder s'inscrit résolument en opposition à l'universalisme kantien issu des Lumières en Allemagne, l'*Aufklärung* (alors même qu'il fut, dans un premier temps, un disciple du philosophe de Königsberg).

C'est l'une des critiques les plus profondes des Lumières, en ce qu'elle s'oppose à la pensée, on l'a dit, d'Emmanuel Kant[41], mais aussi à celles, notamment, de Voltaire, Hume, d'Alembert, et d'autres auteurs encore, pour lesquels les critères du jugement philosophique contemporain auraient une portée universelle permettant de porter un regard critique sur les valeurs sanctifiées par le passé. Regard critique que, pour le moins, les doctrinaires

---

[40] On s'est ici essentiellement fondé sur J. G. HERDER, *Une autre philosophie de l'histoire pour contribuer à l'éducation de l'humanité / Auch eine Philosophie der Geschichte zur Bildung der Menschheit*, édition bilingue, Paris, Aubier, 1964, trad. Max Rouché.

[41] Il rompit en effet définitivement avec son ancien maître en critiquant à la racine sa philosophie transcendantale, affirmant tout au contraire qu'on ne peut prétendre que la Raison précède l'expérience : J. G. HERDER, *Une métacritique de la Critique de la raison pure*, Paris, PUF, coll. Épiméthée, 2022, trad. et notes Michel Espagne.

des extrêmes droites réfutent à leur tour. Tout au contraire, Herder propose ce qu'il appelle « une autre philosophie de l'Histoire ». La Raison, en effet, est spécifique au contexte historique qui la forge, elle est donc relative. Son idée princeps réside dans le fait qu'il y aurait une spécificité historique radicale de l'« esprit » des nations d'où le fait qu'il réfute qu'on puisse saisir la signification du passé. Ainsi, écrit-il,

> L'esprit humain reçut les premières formes de sagesse et de vertu avec une simplicité, une force et une grandeur, qui maintenant — pour dire la chose carrément — n'a sans doute pas, n'a pas du tout sa pareille dans notre monde européen, philosophique et froid. Et c'est précisément parce que nous sommes si peu capables désormais de les comprendre ! de les sentir ![42].

Dès lors, se trouve également réfutée toute possibilité de perfectibilité et donc d'unité de l'Histoire, socle de la philosophie de l'histoire d'Emmanuel Kant[43]. On a ainsi reproché à Herder que sa théorie, poussée à l'extrême, aboutit « à un nouveau dogmatisme et qu'il peut ainsi justifier les pratiques les plus arbitraires en tant qu'elles peuvent alors se présenter comme l'expression légitime d'une époque ou d'un peuple »[44]. En effet, et quoique sa pensée fût déformée, le doctrinaire du nazisme, Alfred Rosenberg, put s'appuyer sur l'œuvre de l'ami de Goethe et de Schiller, en s'autorisant à écrire, dans son livre *Le Mythe du XXe siècle*[45], qu'il se réjouissait de la « bonne nouvelle » qu'il trouva dans le principe du pluralisme historique d'*Une autre philosophie de l'histoire*, fondé sur l'idée selon laquelle

---

[42] J. G. HERDER, *Une autre philosophie de l'histoire*, *op. cit.*, pp. 128-129, cité par J. A. BARASH, *Politiques de l'histoire. L'historicisme comme promesse et comme mythe*, Paris, PUF, coll. « Fondements de la politique », 2004, p. 67.

[43] A travers notamment ses opuscules, *Projet de paix perpétuelle* et *Idée d'une histoire universelle au point de vue cosmopolitique*, (*in* E. KANT, *Opuscules sur l'histoire*, notes, bibliographie et chronologie, Philippe Raynaud trad. Stéphane Piobetta, Paris, Flammarion, 1997). Sur ces opuscules, qu'il soit permis de renvoyer à J. GIUDICELLI, « Le droit international comme projet : proposition de lecture des écrits kantiens relatifs au droit international public », *Revue de la Recherche Juridique - Droit prospectif*, 2004, 1.

[44] J. A. BARASH, *op. cit.*, p. 65.

[45] A. ROSENBERG, *Der Mythus des zwanzigsten Jahrhunderts*, 1930, publié à compte d'auteur, première traduction française, *Le mythe du XXe siècle*, Paris, éd. Avalon, 1986, cité par J. A. BARASH, *op. cit.*, p. 65., note 1.

« Chaque nation porte en elle son centre de félicité ». Il est vrai, ainsi que l'indique Jeffrey Andrew Barash, que « les idéologues nazis tels que Rosenberg et Alfred Bäumler ne font que pousser à son extrême limite le principe d'une validité relative de toute valeur en substituant à la prétention d'une universalité des valeurs fondamentales la lutte ou le rapport ami/ennemi comme critère fondamental d'intelligibilité de l'histoire[46] ».

Peut-être plus simples d'approche, en ce que Joseph de Maistre et Louis de Bonald sont des doctrinaires plus que des philosophes, leurs œuvres n'en constituent pas moins des repères se situant dans la même source de réfutation des Lumières. La condamnation de la Révolution par le premier est d'ailleurs sans appel. Dans ses *Considérations sur la France*, il écrit ainsi : « Ce qui en fait un événement unique dans l'Histoire, c'est qu'elle est mauvaise radicalement ; aucun élément de bien n'y soulage l'œil de l'observateur : c'est le plus haut degré de corruption connu ; c'est la pure impureté[47]. » De Maistre ne peut concevoir l'organisation de la Cité hors hiérarchie, immuable, dictée par le commandement de Dieu. Dès lors, le Politique se fait cosmogonie : sur un territoire donné, le représentant du Créateur pour les affaires temporelles se fait source de tout pouvoir et, autour de lui et de lui seul, gravitent les trois ordres. Par ailleurs, malgré une certaine plasticité (toute relative) permettant à quelques membres du tiers-état d'accéder à la noblesse (moins considérée, car de robe), ces ordres sont, eux aussi, immuables. La légitimité du pouvoir et de son commandement ne peut-être que théocratique[48]. L'Homme, fondamentalement mauvais

---

[46] J. A. BARASH, *ibidem*.

[47] Cité par M. WINOCK, « L'extrême droite : avatars et invariants », *Cités* 2022/4, n° 92, p. 151.

[48] Observons par ailleurs que, contrairement à la Couronne britannique qui, bien avant les deux révolutions que le Royaume traversa au XVIIe siècle, avait un véritable parlement, ce qui serait son équivalent (chose par ailleurs très contestable) sous l'Ancien Régime, les États généraux, ne furent plus convoqués entre 1614, soit sous le règne de Louis XIII, et 1789, durant 175 longues années. C'est en raison de la situation critique du Royaume de France, dont les finances furent terriblement affectées tant par la Guerre d'Indépendance américaine qu'il soutint à fonds perdus que par les récoltes dramatiques de 1788, que Louis XVI se résolut à convoquer les derniers États généraux de l'histoire française pour trouver, espérant l'assentiment des trois ordres, de nouvelles entrées

depuis le péché originel, ne peut s'administrer librement. C'est cette souillure première qui justifie l'immuabilité de l'organisation politique d'Ancien Régime défendue par le doctrinaire de la Contre-Révolution.

Mais, avant que de développer cette pensée, il faut exposer tout d'abord le premier des contre-révolutionnaires, en ce qu'il écrivit un opuscule destiné à un grand succès un an seulement après le début de la Révolution française. Certes, c'est à une réfutation systématique et consécutive de la Déclaration des droits de l'homme et du citoyen à laquelle se livrèrent tant Maistre que Bonald, au nom de la religion catholique. Mais le premier à pourfendre les droits qui en sont issus, et donc la Révolution, fut Edmund Burke, qui opposait la concrétude de la *Common Law* et, partant, de l'office du juge britannique, à l'abstraction et à l'individualisme qu'il identifie dans ces derniers[49]. L'auteur irlandais, pourtant longtemps député *whig* (de 1761 à 1796), contempteur du droit divin et soutien de la Révolution américaine, fut le premier à critiquer vertement la

budgétaires. L'absence de parlement en France n'est bien sûr pas sans résonance avec la nature théocratique de l'Ancien Régime. En effet, la *Glorieuse Révolution* anglaise a profondément transformé la légitimation du pouvoir. Avant 1688 — la parenthèse de la Révolution de Cromwell et de l'éphémère république du *Commonwealth* ayant été refermée avec la restauration de Stuart, suite à la trahison du général Monk — la souveraineté monarchique résultait de Dieu, de sorte que les sessions parlementaires dépendaient de la seule volonté du Roi, son représentant pour les affaires temporelles. Malgré la permanence de la figure du monarque (nécessitant un changement de dynastie, Jacques II, contraint à l'abdication en 1688 devenant ainsi le dernier des Stuart), les sessions devinrent annuelles, ce que consacre le *Bill of Rights* de 1689. Ainsi que souhaité par John Locke dès 1690 dans son *Traité du gouvernement civil*, la prérogative royale amorça ainsi son inéluctable déclin. La souveraineté se déplaça alors de fait, dès la fin du XVIIe siècle, au Parlement de Westminster.

[49] E. BURKE, *Reflections on the Revolution in France, and on the Proceedings in Certain Societies in London Relative to That Event. In a Letter Intended to Have Been Sent to a Gentleman in Paris*, London, Pall Mall, 1790 (première trad. française, 1819), *Réflexions sur la Révolution de France*, Paris, Les Belles Lettres, 2011, trad. Pierre Andler, préface Philippe Reynaud. Pour une explication exhaustive de la pensée de Burke voir J. LACROIX, J.-Y. PRANCHÈRE, *Le Procès des droits de l'homme. Généalogie du scepticisme démocratique*, Paris, Le Seuil, coll. « La Couleur des idées Éditeur », 2016, pp. 85 à 127 et J. GODECHOT, *La contre-révolution 1789-1804*, Paris, PUF coll. « Quadrige », 1984, pp. 56-74.

Révolution française, en ce qu'il objectait la réalité de la tradition à l'abstraction de la liberté, annonciatrice, pour lui, d'un dévoiement, source de potentielles dérives tyranniques. Ce qui le fit passer d'ailleurs pour visionnaire, en regard de la période révolutionnaire de la Terreur sous la Convention, jusqu'au 9 thermidor an II de la République (27 juillet 1794). Contrairement à ce que certains Britanniques prétendaient, et c'est en arrière-plan à eux aussi que Burke s'adresse, il y aurait pour lui une différence fondamentale entre la Glorieuse Révolution de 1688, qu'il approuve sans conteste, et celle de 1789, qu'il critique radicalement.

En effet, la politique de la *tabula rasa*, poursuivie par les premiers révolutionnaires et tendant à établir une société rationnelle, serait une grave erreur. Il refuse de se prononcer « sur le simple aperçu d'un objet dépouillé de tous ses caractères concrets, dans la nudité et dans toute l'abstraction d'un raisonnement métaphysique ». Les institutions politiques n'auraient, consécutivement, de valeur que dans le contexte des circonstances, ce qui fait bien apparaître le Britannique, à l'instar d'un Herder, comme étant un relativiste. Il est à cet égard explicite : « Les circonstances qui ne sont rien pour quelques personnes sont pourtant dans la réalité ce qui donne à un principe de politique sa couleur distinctive et son véritable caractère, et ce sont elles qui rendent un plan civil ou politique utile ou nuisible au genre humain ». On perçoit, de façon sous-jacente, l'opposition aux théories contractualistes car il estime non pas, comme pour Rousseau par exemple, qu'est naturel ce qui serait consubstantiel à la nature humaine, mais, tout au contraire, ce qui est particulier, et non universel, ce qui souligne en conséquence toute l'importance de l'héritage du passé. Par ailleurs, au prix d'un cheminement certes différent de celui de Bonald et de Maistre, il affirme, comme eux, que ce n'est pas l'égalité qui est naturelle, mais l'inégalité : « Dans toutes les sociétés qui, nécessairement, sont composées de différentes classes de citoyens, il faut qu'il y en ait une qui domine, c'est pourquoi les *niveleurs* [c'est nous qui soulignons] ne font que changer, intervertir l'ordre naturel des choses. » Ainsi, et comme le notent justement Justine Lacroix et Jean-Yves Pranchère « Contre la politique révolutionnaire des droits de l'homme, Burke souligne l'impossibilité de juger les régimes politiques existants selon un principe normatif désincarné qui ne reconnaîtrait pas la primauté des circonstances[50]. »

On retrouve beaucoup de points communs dans les pensées de Burke et de Bonald ou Maistre, la négation de l'universalisme, de l'individualisme, de l'égalité, du caractère abstrait de la liberté, mais aussi le relativisme et le culte de la tradition. Pour autant, si l'Irlandais n'entre pas dans le bréviaire de la doctrine d'extrême droite, quoiqu'on puisse le compter effectivement comme étant le premier des contre-révolutionnaires, c'est qu'il y fait défaut une survalorisation du religieux, essentielle pour saisir le substrat des deux autres auteurs (alors, on l'a dit, que Burke rejette absolument le droit divin). Non pas que toutes les extrêmes droites s'adonnent au religieux (c'est bien le cas du franquisme[51] par exemple et, peut-être dans une moindre mesure, du salazarisme[52]), ce peut même être l'inverse (dans le nazisme notamment, qui prétendait puiser aux sources du paganisme et de l'occultisme[53]), mais parce que le religieux « fixe » cet âge d'or fantasmé et perdu qu'il s'agit en revanche de retrouver, dans une palingénésie obsessionnelle que l'on perçoit de façon récurrente chez les penseurs de ces courants. Charles Maurras, pourtant non croyant, arrimait ses écrits politiques à la religion catholique. C'est ainsi qu'on retrouve beaucoup de penseurs ou d'hommes et femmes politiques d'extrême droite qui, quoiqu'ils fussent athées, se réclament du catholicisme en tant que socle immuable renvoyant à cet âge perdu des cathédrales.

Quant à l'universalisme et au caractère abstrait de l'Homme en tant qu'entité propre, déracinée de toute dimension nationale et culturelle, Maistre, de façon très comparable à Burke, les réfute radicalement : « La Constitution de 1795, tout comme ses aînées, est faite pour l'homme. Or il n'y a point d'homme dans

---

[50] J. LACROIX, J.-Y. PRANCHÈRE, *Le Procès des droits de l'homme*, *op. cit.*, p. 89.
[51] Voir G. GÓMEZ BRAVO, « Le rôle de l'Église dans la répression franquiste », *Vingtième Siècle. Revue d'histoire*, 2015/3, n° 127, pp. 132-151.
[52] Voir S. CERQUEIRA, « L'Église catholique et la dictature corporatiste portugaise », *Revue française de science politique*, 1973, 23 (3), pp. 473-513.
[53] S. FRANÇOIS, *Les mystères du nazisme Aux sources d'un fantasme contemporain*, Paris, PUF, 2015, pp. 27- 65, chap. Ier, « Que sait-on exactement de l'"occultisme nazi" ».

le monde. J'ai vu, dans ma vie, des Français, des Italiens, des Russes, etc., je sais même, grâce à Montesquieu, qu'on peut être Persan : mais quant à l'homme, je déclare ne l'avoir rencontré de ma vie ; s'il existe, c'est bien à mon insu[54]. » Mais cette réfutation n'emprunte pas les mêmes chemins que ceux arpentés par Burke. C'est en effet le catholicisme — au contraire du protestantisme qu'il dénonce en ce qu'il entraîne « esprit d'insurrection » et « anarchie », de par l'interprétation libre du Livre conforme au principe *sola scriptura* professé par la Réforme — qui arrime les hommes, et non l'Homme, en le Monde. C'est le catholicisme qui détient, lui seul, une unité apte à appréhender le Monde, une Vérité irréfutable, et qui prohibe aux fidèles, contrairement au protestantisme, de se livrer à une quelconque introspection critique, destructrice de l'ordre et de la hiérarchie, qui ne seraient que le reflet de la cité de Dieu. C'est cette impossibilité d'interpréter individuellement les Écritures, cette obéissance inconditionnée à l'autorité divine (ou à tout le moins ce que l'Église prétend en dévoiler) qui, transposé au domaine temporel, justifie et impose l'autorité monarchique, dénie et condamne toute organisation démocratique, en raison, toujours, d'une anthropologie fondamentalement pessimiste, après qu'Adam et Ève furent chassés de l'Éden. Dès lors, jamais l'individu ne sera Homme. Tout au plus sera-t-il singularisé en tant qu'homme puisque, ainsi que l'écrit Bonald, « L'homme n'existe que par la société et la société ne le forme que pour elle ». Il ne peut exister de Raison hors Religion, car, ajoute-t-il, « La religion est la raison de toute société[55] ». Évidemment, cette conception de la Raison, est ce n'est pas ici paradoxe, condamne toute pensée rationaliste, c'est-à-dire l'apport des Lumières, à l'origine du dévoiement des Temps par la Révolution.

Néanmoins, hors la figure honnie du Révolutionnaire, plus encore du Conventionnel régicide, les deux auteurs légitimistes n'identifient pas clairement l'ennemi. Religion, âge d'or, ordre, tradition, anthropologie pessimiste, décadentisme, immuabilité sociale irriguent leurs œuvres et constituent toujours le schème

[54] Cité par M. WINOCK, « L'extrême droite : avatars et invariants », *art. cit.*, p. 152.
[55] Cité par M. WINOCK, « L'éternelle décadence », *Lignes* 1988/3, n° 4, p. 63.

dominant, même s'il est adapté, des extrêmes droites, mais la désignation de l'ennemi, bouc émissaire nécessaire, car cause de tous les maux de l'Histoire, fait défaut.

Ce sera chose faite avec Charles Maurras, doctrinaire du « nationalisme intégral », qui transforma le mouvement antidreyfusard *Action française* en formation royaliste. S'affirmant volontiers adogmatique malgré les critiques qui lui étaient faites, il répugna longtemps à se livrer à un exposé systématique de sa doctrine. Il ne consentit à le faire qu'en 1937[56]. Quoiqu'on ne puisse réduire sa pensée politique aux aspects les plus polémiques, on trouve une constante du discours des extrêmes droites soit, précisément, la figure de l'ennemi. Le parti de l'étranger, ce que l'extrême droite préférait alors appeler l'Anti-France[57], insidieusement nichée sur le territoire national, aurait été constitué, selon l'Académicien devenu collaborateur, de « quatre États confédérés » : les protestants (il s'inscrit en cela dans le sillage de Joseph de Maistre), les juifs, les francs-maçons et les métèques (les étrangers, dans la conception de l'Athènes antique). Ce faisant, il systématise le mythe apparu dès le XIXe siècle de la « cinquième colonne », cet ennemi de l'étranger, ce parti de l'étranger fantasmatique. Ces « quatre États » constituent pour lui l'incarnation ancestrale des agents visant à œuvrer contre la France. Ils ont pour caractéristique commune d'être — et cela ne peut que renforcer l'idée d'éléments externes au corps social, à la Nation, au « génie français » et à son âme propre — non seulement présents en France, mais partout dans le monde. Ces quatre agents externes luttent en permanence contre ce que Maurras promeut : l'ordre, la symétrie, la hiérarchie allant de pair avec la discipline et la tradition. Auteur se revendiquant clairement du classicisme, il répudiait en effet le romantisme en ce que ce dernier courant constituait la manifestation du changement, de sorte que sa philosophie politique s'inscrit en syntonie absolue avec sa littérature. Changement que promouvraient en revanche systématiquement

---

[56] C. MAURRAS, *Mes idées politiques*, Paris, Fayard, 1937, 400 p.

[57] Sur l'Anti-France, voir l'analyse qu'en fait Raoul Girardet : R. GIRARDET, *Mythes et mythologies politiques*, Paris, éditions du Seuil, 1986, 212 p.

les quatre entités ennemies de la France, cette France mystique qu'elles viseraient en réalité à abattre.

Sa pensée est intéressante en ce qu'elle peut apparaître en réalité atypique. Quoique source incontestable de l'extrême droite, Maurras tenait à affirmer qu'il n'était pas raciste, ce qui ne manque pas de dérouter, à l'aune notamment de son comportement durant la guerre. Il l'écrit sans ambages dans le journal éponyme de son mouvement, quelques semaines avant le déclenchement de la Seconde Guerre mondiale : « Nous ne pouvions manquer ici d'être particulièrement sensibles : le racisme est notre vieil ennemi intellectuel ; dès 1900, ses maîtres français et anglais, Gobineau, Vacher de Lapouge, Houston Chamberlain, avaient été fortement signalés par nous à la défiance des esprits sérieux et des nationalistes sincères[58]. » En 1933 déjà il affirmait « nous ne croyons pas aux nigauderies du racisme[59] » pour préciser, quatre ans plus tard « J'ai, pour mon compte, toujours pris garde de séparer les réflexions sur l'hérédité politique et économique d'avec les généralisations vagues, aventureuses et captieuses sur la stricte hérédité physiologique[60]. »

Quoique s'affirmant non raciste, il promut pour autant un « antisémitisme d'État », qu'il commença à conceptualiser dès 1911 et opposa à l'« antisémitisme de peau », bien qu'à l'époque il n'ait pas encore mentionné les exceptions qu'il fera concernant les « juifs bien nés »[61] ; il n'a alors que 43 ans et les figures de proue de l'extrême droite sont Léon Daudet, par ailleurs rédacteur en chef du quotidien *L'Action française* et Édouard Drumont, antisémite notoire, auteur du sinistre ouvrage *La*

---

[58] C. MAURRAS, *L'Action française*, 4 août 1939.
[59] ID., *L'Action française*, 9 octobre 1933.
[60] ID., *L'Action française*, 25 mars 1937.
[61] Voir L. JOLY, « Les débuts de l'Action française (1899-1914) ou l'élaboration d'un nationalisme antisémite », *Revue historique*, 639, juillet 2006, pp. 695-717, et ID., « L'Action française bimensuelle et quotidienne. Stratégies politiques et intellectuelles (1899-1914) », *in* M. LEYMARIE, J. PRÉVOTAT (dir.), *L'Action française. Culture, société, politique*, Villeneuve d'Ascq, Presses Universitaires du Septentrion, 2008, pp. 327-336.

France juive[62]. Ainsi que l'écrit Laurent Joly, cet « antisémitisme d'État », nécessaire à la Raison d'État et en concordance avec « le nationalisme intégral » défendu par Maurras, « se résume alors en une seule proposition : éliminer le Juif de la vie de la Cité en lui retirant sa "nationalité fictive de Français", en le replaçant dans le statut d'éternel étranger d'avant la Révolution française[63] ». Le « Juif bien né » apparaît dans ses écrits en 1915, quand il publie dans son quotidien la lettre posthume d'un jeune officier de confession juive se réjouissant, s'il venait à mourir, de devenir « complètement Français », car il aura mêlé son sang, écrit-il, aux « plus vieilles familles de France ». Pour autant, Laurent Joly toujours souligne que « cette ouverture aux "bons serviteurs" maintient une relation fondamentalement dissymétrique. L'atténuation théorique née de la Grande Guerre est d'abord et avant tout une légitimation de l'"antisémitisme d'État" : le "Juif bien né" est une pierre de plus à l'édification de la pensée maurrassienne, une confirmation de sa bienfaisance[64]. » De sorte qu'est ainsi fixée dans sa doctrine une inégalité structurelle entre les Français de confession juive, quelle que soit leur contribution à la patrie, et les autres, en ce que ces derniers auraient prouvé depuis des générations qu'ils sont le socle de la nation. On retrouve là les fondements de la pensée des premiers contre-révolutionnaires, pour lesquels l'égalité des citoyens telle qu'établie par la Révolution est fictive et dangereuse, car contraire à l'Histoire. Mais là où Bonald et Maistre établissaient l'inégalité entre les ordres, elle est déplacée au début du XXe siècle à la « question juive ». Dès lors, s'il y a bien une différence doctrinale entre « l'antisémitisme d'État » et l'antisémitisme proprement racial, le socle théorique esquissé par l'Académicien français, bréviaire de l'antisémitisme français, justifiera le statut des juifs du 3 octobre 1940 (alors même que l'occupant nazi n'avait encore rien demandé à Vichy) faisant de

[62] E. DRUMONT, *La France juive*, Paris, Flammarion, 1886, 1200 p. (deux volumes). Sur Drumont, lire notamment M. WINOCK, *Édouard Drumont et Cie. : Antisémitisme et fascisme en France*, Paris, Seuil, 1982, 218 p.

[63] L. JOLY, « D'une guerre l'autre. L'Action française et les Juifs, de l'Union sacrée à la Révolution nationale (1914-1944) », *Revue d'histoire moderne & contemporaine*, 2012/4, n° 59, p. 101.

[64] ID., « D'une guerre l'autre », *art. cit.*, p. 103.

ces derniers des « citoyens de seconde zone[65] », exclus de la fonction publique, quand l'exercice de professions libérales leur était conditionné.

Certes, l'antisémitisme maurrassien diffère de l'antisémitisme nazi. Ses « penseurs », au premier rang desquels Alfred Rosenberg[66], théorisant la haine véhiculée dans *Mein Kampf*, en établissent la triple structure, métaphysique, biologique et bactériologique[67], en ce que « le Juif » est tout d'abord un principe, celui du mal destructeur projetant de dominer le monde, qu'il constitue une race, une sous-race, proprement inhumaine, et qu'il révèle sa vraie nature, un bacille, qu'il s'agit d'extirper du corps social, car susceptible de le contaminer, de le corrompre. Certes, Maurras ne théorisa pas l'Holocauste, pas plus qu'il ne le promut. Mais, dans les faits, il participa du sort funeste de ce peuple, car pour lui fondamentalement apatride. L'inégalité érigée au nom du « nationalisme intégral », de la Raison d'État et de son corollaire maurrassien, « l'antisémitisme d'État », structurera l'action de Vichy jusqu'à la honte absolue, irréversible macule, de la rafle du Vélodrome d'hiver, les 16 et 17 juillet 1942.

Il ne s'agit pas bien sûr ici d'établir l'inventaire exhaustif de la pensée contre-révolutionnaire, mais, à travers les principales figures évoquées, française, allemande, britannique (et c'est ici où l'on peut s'écarter des thèses développées par Zeev Sternhell qui affirmait que la France était le terreau de la pensée d'extrême droite), de marquer quels sont les invariants structurels des extrêmes droites, quelles que soient les formes multiples qu'elles empruntent aujourd'hui ou ont établies hier : Âge d'or, palingénésie, ordre, hiérarchie, sécurité, tradition, inégalité de classes, de cultures ou de « races » et identification de l'ennemi constituent le socle autour duquel gravitent les formations politiques de ce courant, et ce tant dans le temps que dans l'espace. C'est d'ailleurs à présent l'histoire récente de ces idées et mouvements qu'il s'agit d'aborder, des deux côtés des Alpes.

---

[65] André KASPI, *Les Juifs pendant l'Occupation*, Paris, Seuil, 1997, p. 54.

[66] A. ROSENBERG, *Der Mythus des zwanzigsten Jahrhunderts*, *op. cit.*

[67] Y. CHEVALIER, « Le modèle du bouc émissaire : l'exemple de l'antisémitisme allemand », *Germanica*, 1987/2, *Ethnicité et figures phobiques*, p. 11.

3. Archéologie des rapports entre les extrêmes droites françaises et italiennes de 1946 à 1972

L'intitulé de cette partie et la scansion chronologique qu'elle propose résulte d'une volonté : établir les rapports entre ces extrêmes droites depuis la date de la création du Mouvement social italien jusqu'à celle de la fondation du Front national. Nous avons examiné dans le développement précédent quels sont les invariants idéologiques de l'extrême droite. Il s'agit maintenant de comprendre comment non seulement mouvements et idées ont pu renaître, mais encore quelles furent les solidarités qui se nouèrent de part et d'autre des frontières. De sorte qu'il sera plus aisé de comprendre si le « nouveau terreau » surgi après-guerre, soit la première actualisation de la matrice, a rapport avec le substrat de la seconde actualisation (décennie 2010), quelques que soient les apparentes mutations.

Ces extrêmes droites, tant institutionnelles qu'extraparlementaires, ont toujours entretenu après-guerre des liens, souvent étroits, par-delà les frontières. À l'aune de ces derniers et de l'histoire de ces formations depuis 1946, on examinera, dans la dernière partie consacrée aux apparentes mutations des discours, si les relations entretenues révèlent aussi les constantes structurelles caractéristiques de la permanence de l'idéologie nourrissant le terreau de ces partis. C'est pourquoi est-il au préalable utile de se pencher sur l'histoire récente de ces mouvances politiques.

Pour d'évidentes raisons, la réapparition des formations héritières des courants et mouvances discrédités durant l'Occupation ne fut pas immédiate en France. Elle est advenue dix-sept ans après la Libération. Dans le contexte de la Guerre d'Algérie, et après le putsch avorté des généraux du 21 avril 1961, une partie de l'armée de métier se rebella, ce qui déclencha son basculement dans la clandestinité, préalable à la création de l'*Organisation de l'Armée secrète* (*OAS*). Ce fut le facteur déclencheur de la « résurrection » des extrêmes droites françaises. Avant le coup d'État, les tenants de l'Algérie française avaient déjà pu voir confluer Jeune Nation, le Front national pour l'Algérie française créé par Jean-Marie Le Pen, la Restauration française, le Front de l'Algérie française, Ordre français et d'autres groupuscules encore, sans compter les habituelles personnalités de l'extrême droite, telle l'une de ses figures de proue et principal héraut, Jean-Louis Tixier-Vignancour, qui désigna d'ailleurs le même Le Pen comme directeur de campagne lors de l'élection présidentielle de 1965 pour laquelle il avait candidaté[68].

La défaite de bataille de Diên Biên Phu le 7 mai 1954, les accords de Genève du 21 juillet qui en résultèrent et marquèrent l'indépendance des anciens territoires français d'Indochine, la loi-cadre Defferre du 23 juin 1956 préparant la décolonisation des anciennes Afriques occidentale et équatoriale françaises (*AOF* et *AEF*) constituèrent autant d'éléments qui purent heurter l'armée de métier d'une part, qui vécut cet abandon comme une véritable humiliation, et les extrêmes droites d'autre part, quoiqu'elles fussent encore groupusculaires. En effet, ces dernières ne pouvaient se résigner au dépècement de l'ancien Empire colonial français, qui marquait la domination de « l'homme blanc » sur les populations indigènes. L'Algérie, plus encore que tous les autres territoires, ne pouvait décidément pas accéder à l'indépendance, car elle constituait, au contraire de ces derniers, une colonie de peuplement. Il y avait en effet en 1954, l'année du déclenchement de la guerre[69], environ un million de Français et huit millions de « Français musulmans[70] ». Par

---

[68] Sur ces multiples ralliements, lire le chapitre consacré aux guerres coloniales, *in* J.-P. GAUTIER, *Les extrêmes droites en France : de la traversée du désert à l'ascension du front national (de 1945 à nos jours)*, Paris, Syllepse, 2e éd., 2017, 528 p.

[69] Le 1er novembre 1954 est considéré comme le début de la Guerre d'Algérie, et est connu sous le nom de Toussaint rouge, durant laquelle le *Front de libération nationale* (*FLN*), tout nouvellement créé (octobre 1954) se fait pour la première fois connaître en organisant soixante-dix attentats sur une trentaine de localités du territoire algérien, surtout dans l'Aurès en en Kabylie, qui tuèrent tant civils que militaires. Le fatal engrenage était alors déclenché. François Mitterrand, alors ministre de l'Intérieur déclara le 5 novembre 1954 : « La seule négociation, c'est la guerre », lors même qu'il ne s'agissait officiellement que de mesures de maintien de l'ordre. Le 7 novembre, à l'occasion d'une allocution officielle (consultable sur les archives de l'Institut national de l'audiovisuel) il déclara « L'Algérie, c'est la France » et annonça l'envoi de « renforts militaires ».

[70] Aussitôt l'Algérie annexée, consécutivement à la victoire des armées de Louis Philippe, qui poursuivit la conquête initiée par Charles X, l'héritier de la

ailleurs, la fin de l'Empire constituait pour ces formations un recul occidental inenvisageable face à l'ennemi communiste, agité tel un épouvantail et érigé en mal absolu. C'est ainsi que s'engouffrèrent dans cette brèche tous les mouvements plus hauts mentionnés qui parvinrent à manipuler et endoctriner une part non négligeable de la population des pieds-noirs d'Algérie. Certaines de ces différentes mouvances, parce que dissoutes, basculèrent dans la clandestinité pour nourrir les rangs de l'OAS.

C'est en cette première occasion que la solidarité italienne néofasciste s'est manifestée et que se sont noués des contacts indéfectibles, quelles que soient les métamorphoses de ces multiples formations.

Il y eut longtemps un ascendant du *MSI* sur les innombrables mouvances d'extrêmes droites françaises en raison de deux facteurs. Il s'agit, tout d'abord, de l'antériorité de sa représentation parlementaire puisque le parti néofasciste italien fit son entrée dans les enceintes du *Palazzo Montecitorio* (siège de la Chambre des députés) et du *Palazzo Madama* (siège du Sénat) dès la 1re Législature de la toute récente République, en mai 1948[71]. Cela résulte, ensuite, de l'impossibilité structurelle,

---

branche des Orléans promulgua l'ordonnance royale du 24 février 1834 qui établissait une ségrégation politique de fait. En effet, si les « indigènes » musulmans ou juifs étaient effectivement considérés comme des sujets français, ils n'obtinrent pour autant pas la pleine nationalité française, d'où cette appellation d'» indigènes ». Néanmoins, le décret Crémieux du 7 novembre 1870 accorda aux juifs d'Algérie la pleine citoyenneté française (retirée en 1940 par le Gouvernement de Vichy), alors que les musulmans furent soumis à partir de 1881 au Code de l'indigénat qui « dérogeait aux principes républicains, en soumettant les sujets coloniaux à une répression particulière échappant aux garanties du droit commun » (Sylvie THÉNAULT, *in* A. BOUCHÈNE, J.-P. PEYROULOU, O. SIARI-TENGOUR, S. THÉNAULT (dir.), *Histoire de l'Algérie à la période coloniale. 1830-1962*, Paris, La Découverte, 2014, p. 200). Voir aussi P. WEIL, *Qu'est-ce qu'un Français ? Histoire de la nationalité française depuis la Révolution*, Paris, Grasset, 2002, 480 pp. Pour des chiffres précis et une étude de la démographie algérienne depuis 1856 se reporter à D. MAISON « La population de l'Algérie », *Population*, 1973, 28-6, pp. 1079-1107.

[71] Suite à la tenue du référendum du 2 juin 1946, la Cour de cassation proclama officiellement l'instauration de la République le 10 juin. Les résultats étaient néanmoins relativement serrés puisque la République recueillit 54,27 % des suffrages exprimés quand la monarchie, pourtant compromise avec le régime fasciste, en remporta 45,73. C'est surtout au *Mezzogiorno* que l'on trouva les partisans les plus déterminés du maintien des Savoie sur le trône italien.

pendant une quarantaine d'années, d'unifier les mouvements d'extrêmes droites française, le FN ne naissant en effet qu'en 1972. L'éphémère épisode poujadiste, balayé dès la naissance de la Ve République, fit élire à la chambre basse 52 députés en 1956, mais l'on ne peut, à proprement parler, le qualifier d'extrême droite tant il procéda surtout d'une réaction antifiscale provenant d'un électorat essentiellement composé de petits artisans et commerçants, même si l'on compta, dans les rangs de ce groupe, certaines individualités qui s'illustreront politiquement dans les courants objets de cette étude, à l'instar de l'un des futurs fondateurs du FN, en la personne de Jean-Marie Le Pen. À cet égard, on peut concorder avec l'analyse qu'en fait Romain Souillac[72], qui convient que si nombre de dirigeants du mouvement de Poujade ont pu se situer à la confluence de certains des héritages d'extrême droite, dont l'Action française, les ligues d'entre-deux-guerres et Vichy[73], la base, elle, car séduite bien plutôt par le message antifiscal, ne peut être rangée dans cette classification[74].

---

[72] R. SOUILLAC, *Le mouvement Poujade. De la défense professionnelle au populisme nationaliste (1953-1962)*, Paris, Presses de Sciences Po, 2007, 416 pp.

[73] On peut douter en revanche que ce fut le cas de Pierre Poujade, qui appela à voter pour François Mitterrand en 1981 et Jean-Pierre Chevènement en 2002 et qui, par ailleurs, a très clairement renié Le Pen, déclarant même qu'il « aurait mieux fait de [se] casser une jambe plutôt que d'en faire un député [sic] » (cité par *Le Monde*, édition du 30 avril 2002).

[74] Le poujadisme s'apparenterait bien plutôt au *Qualunquismo* italien, né après la II^nde^ Guerre mondiale, et associé au mouvement politique *Fronte dell'Uomo Qualunque* apparu concomitamment à la revue éponyme publiée à partir du 27 décembre 1944 par Guglielmo Giannini. Il s'était caractérisé par une forte défiance vis-à-vis des institutions, des partis politiques, du personnel politique en général. Il est même devenu un éphémère parti après-guerre obtenant 5,30 % des suffrages aux élections à l'Assemblée constituante de 1946, ce qui lui permit d'obtenir trente sièges. Tout comme pour le parti poujadiste dix ans après, ce mouvement fit long feu puisqu'il disparut en juin1948. Son programme était pour le moins sommaire. Pour Guglielmo Giannini, qui ne concevait l'État qu'en tant que simple structure administrative, « il suffit d'un bon comptable qui prenne ses fonctions le 1er janvier et s'en aille le 31 décembre et qu'il ne soit rééligible d'aucune façon ». Il s'agissait, contre la centralisation décisionnelle de l'État, de donner la parole à l'*Uomo qualunque*, cet homme quelconque dont l'on rend mieux l'idée en français en le dénommant homme de la rue, homme ordinaire ou Italien moyen.

En tout état de cause, l'attrait des groupuscules français, voire l'admiration à l'égard du *MSI* sont dus au « prestige » qu'il acquit trois ans seulement après la fin de la guerre, puisqu'aux élections de 1948 il obtint six sièges à la Chambre, un au Sénat. Résultat certes modeste, mais ce parti, qu'on pût penser disqualifié en raison de sa référence explicite au Manifeste de Vérone[75] de la République sociale italienne de Salò de 1943, recueillit 2 % des suffrages à la chambre basse, soit plus de 500 000 voix. Cette présence au Parlement constituait déjà un socle, que le parti néofasciste — exclu de ce qu'on appelait alors l'arc constitutionnel, c'est-à-dire les partis issus de la résistance et représentés à la Constituante de 1946 — fit rapidement fructifier puisqu'il tripla son score cinq ans après pour la IIe Législature, obtenant 5, 84 % des voix (plus d'un million et demi) à la Chambre des députés et quintupla sa représentation, forte de 29 sièges dans cette assemblée (6, 07 % des suffrages et 9 sièges au Sénat). Se situant jusqu'au début des années 1970 toujours autour d'un étiage de 5 %, il réussit même une percée significative, avec environ 9 % des suffrages exprimés pour la VIe législature de 1972, constituant deux groupes de 56 députés et 26 sénateurs, quand le candidat du tout nouveau *FN*, Jean-Marie Le Pen, recueillit lors de l'élection présidentielle française de 1974 le piteux score de 0, 75 points, cantonnant l'extrême droite (presque) unifiée à l'état de groupuscule sans intérêt, d'autant que le même candidat ne put réunir le nombre de parrainages requis pour se présenter de nouveau sept ans plus tard, à l'élection présidentielle de 1981. Les espoirs fondés en 1965 sur la candidature de Jean-Louis Tixier-Vignancour paraissaient également démesurés, malgré sa personnalité en

---

Sur le *Qualunquismo* voir par exemple G. ORSINA, « L'antipolitica dei moderati : dal qualunquismo al berlusconismo », in *Ventunesimo secolo : rivista di studi sulle transizioni*, 2013, 30, 1, pp. 91-111.

[75] Ce manifeste, approuvé le 14 novembre 1943 lors du congrès de Vérone, est un texte programmatique dans lequel sont exposés les axes de la politique du Parti fasciste républicain nouvellement créé, où sont notamment citées les mesures nécessaires à la socialisation de l'économie. On a pu valablement dire qu'il s'agissait d'un retour aux sources « révolutionnaires » du fascisme de 1919. Sur la *RSI* et la Manifeste de Vérone, voir le chapitre consacré à « la République de Salò et le retour aux sources », *in* F. LE MOAL, *Histoire du fascisme*, Paris, Perrin, 2018, pp. 339-372.

apparence moins marquée. L'avocat de Louis-Ferdinand Céline et du général putschiste Raoul Salan avait pourtant un douteux pedigree[76]. Le candidat autoproclamé de « l'opposition nationale » ne recueillit en effet pour sa part que 5, 2 % des suffrages exprimés, étiage non insignifiant, certes, mais qui ne fut plus jamais atteint au niveau national jusqu'aux élections européennes de 1984, qui virent la percée historique du FN, point de départ de son ascension, se hissant à près de onze points, à une coudée du PCF, qui marquait inversement son irréversible déclin.

Pour en revenir aux origines des liens unissant les « droites nationales » des deux côtés des Alpes, elles remontent au début des années 1960, notamment en raison de l'arrimage non négligeable dans la société italienne du *MSI*. C'est en effet à la faveur du combat « Algérie française », des ultras de l'*OAS* que ces derniers trouvèrent en Italie de puissants soutiens destinés à

[76] Déjà député de 1936 à 1940 (il le redeviendra deux ans sous la liste Poujade, de 1956 à 1958) il fit partie des 569 parlementaires qui votèrent les pleins pouvoirs à Pétain le 10 juillet 1940 ; mais tous, tant s'en faut, n'étaient pas d'extrême droite, seuls 80 députés et sénateurs refusant en effet l'adoption de la loi. Néanmoins, il eut un parcours des plus sulfureux : membre de *l'Action française* en 1934, il participa à la manifestation factieuse du 6 février où il n'hésita pas à faire le coup de poing et qui se conclut par 19 morts, comme on l'a vu plus haut note 15. Durant la guerre, il fut nommé en 1940 secrétaire général adjoint à l'information sous le régime de Vichy et comme tel établit un nouveau régime de censure, interdisant les « films d'incitation à la haine contre l'Allemagne » (dont *La Grande Illusion*, chef d'œuvre de Jean Renoir). Il fut pourtant acculé à la démission en janvier 1941. En raison d'une disgrâce qui lui valut une incarcération de quelques mois suite à une condamnation fin juillet 1941 pour « propos injurieux à l'égard du Maréchal chef de l'État », il profita à la Libération d'une certaine indulgence, puisqu'il fut de nouveau emprisonné quelques mois seulement sans être frappé de l'infamante peine d'indignité nationale. Il dut seulement endurer une condamnation plutôt clémente à une peine d'inéligibilité de dix ans. Ne reniant rien de son passé à l'odeur de soufre, il fonda la Revue *Défense de l'Occident* en décembre 1952 avec Maurice Bardèche (beau-frère de l'écrivain collaborationniste Robert Brasillach, fusillé à la Libération) où écrivirent d'innombrables plumes de l'extrême droite. Outre les multiples traductions de textes de Julius Evola, on l'a dit philosophe officiel du régime fasciste, et de Giorgio Almirante, qu'on ne présente dorénavant plus dans cette étude, on pouvait y trouver les signatures de Lucien Rebatet, fasciste revendiqué, auteur de l'ouvrage *Les Décombres*, paru et encensé sous l'Occupation, Jacques Benoist-Méchin, ministre sous Vichy, Jacques Isorni, avocat de Pétain, Alain de Benoist, tête pensante du GRECE, Robert Faurisson, « pape » du révisionnisme et tant d'autres encore.

se pérenniser. De sorte que, après la Madrid franquiste où, un avant la création de l'*OAS* (février 1961), se réfugièrent les premiers ultras, la péninsule devint, dès la naissance de l'organisation factieuse, la terre d'accueil privilégiée des militaires ayant basculé dans la clandestinité et de leurs partisans. C'est la sûreté française qui en signala l'implantation, participant d'une « chaîne de bases de l'OAS » le long du rivage méditerranéen, de l'Italie à l'Espagne[77]. Si la circulation des personnes nécessitait encore un contrôle douanier aux frontières, que certains surent subtilement contourner grâce à un réseau très structuré de passeurs, celles des armes et des idées ne s'embarrassaient manifestement pas de telles contraintes. Par ailleurs, les insurgés ont pu bénéficier à Rome d'une solide structure d'accueil et d'aide opérationnelle, d'autant que le MSI avait des moyens institutionnels, c'est-à-dire légaux, locaux et imprimeries notamment. Officiellement, bien évidemment, le parti de Giorgio Almirante démentit tout contact entre l'*OAS* et le *MSI*, par la voix de son secrétaire général, Arturo Michelini, à l'occasion d'un entretien télévisé qu'il accorda le 5 octobre 1961 et qui fut transcrit par l'organe officiel du mouvement, le quotidien *Il Secolo d'Italia*[78]. Toutefois, le même journal affirma un soutien symbolique sans faille à l'occasion du procès de Raoul Salan, l'un des quatre journaux putschistes d'avril 1961[79]. Il se faisait en cela l'écho non pas tant des divisions, mais du débat interne au sein de la direction du *MSI*, certains ne voyant aucun intérêt à défendre l'Algérie française et ses partisans, en ce que ce n'était pas leur combat, d'autres, plus radicaux, exprimant tout au contraire l'importance politique d'un soutien sans faille, au

---

[77] C'est grâce au dépouillement minutieux des documents accessibles des services de renseignement italien et français d'alors que Pauline Picco a pu rendre public le « traçage » des déplacements de ces clandestins. Voir P. PICCO, *Liaisons dangereuses. Les extrêmes droites en France et en Italie*, *op. cit.*, dans les développements consacrés aux « Réseaux et mythes OAS en Italie ».

[78] Rapporté par P. PICCO, *op. cit.*

[79] Maître Jean-Louis Tixier-Vignancour, que nous avons déjà rencontré entre autres en cette qualité d'avocat, s'il avait réussi à faire échapper Salan à la mort (ce qui provoqua la fureur du général de Gaulle), ne put en revanche convaincre la Cour militaire de justice de ne pas prononcer la peine capitale à l'encontre de Jean Bastien-Thiry, organisateur de l'attentat du Petit-Clamart, dont il assurait la défense aux côtés de Maître Jacques Isorni, avocat de Pétain en 1945.

nom de la lutte de l'Occident contre le péril communiste. Pour autant, ce jeu équivoque était peu crédible puisque quelques mois avant, et peu après le putsch des généraux, Julius Evola, philosophe et ancien doctrinaire du régime fasciste prit position dans la revue *L'Italiano*. L'idéologue italien y dénonçait De Gaulle, selon lui en proie à l'influence des francs-maçons et des juifs (vieille antienne maurassienne déjà évoquée dans cette étude) et s'autorisait à écrire :

> La France a laissé entendre qu'elle tolérerait que des Français tuent des Français, que des hommes de race blanche se massacrent entre eux pour glorifier des "revendications" d'un peuple non français et de couleur, pour glorifier l'Algérie "algérienne". Ceci est un comble, une perte inouïe de crédit, le témoignage d'une *carence de sentiments nationaux et raciaux*[80], qui pourrait difficilement être dépassée[81].

Certes, Julius Evola n'avait alors plus aucune fonction officielle, mais son prestige, non seulement au *MSI,* mais aussi, plus largement, dans toutes les franges des extrêmes droites italiennes ainsi qu'européennes, signalait clairement les liens que ces dernières s'apprêtaient à nouer, malgré l'embarras du parti d'Almirante.

Les relations perdurèrent bien évidemment après « la geste » de l'*OAS* mythifiée par les mouvements étudiés. Cette dernière guerre coloniale française força les mouvances d'extrêmes droites italiennes et françaises à se projeter sur d'autres combats, à identifier d'autres ennemis, les doctrinaires de ces mouvements prenant conscience que la nostalgie de l'ancien Empire colonial français ne pouvait plus trouver grande résonance dans les

---

[80] Nous soulignons.

[81] J. Evola, « La scelta della Francia », *L'Italiano*, III, 4-5, avril-mai 1961, cité par P. Picco, *op. cit.* Mensuel culturel et politique d'extrême droite, proche du MSI, *L'Italiano* a été fondé par Pino Romualdi. Ce journaliste et homme politique fut ancien vice-secrétaire du Parti fasciste républicain (PRI) durant la République de Salò après avoir été militant du Parti national fasciste (PNF), Il sortit de la clandestinité en juin 1946 à la faveur de l'amnistie Togliatti, ce qui lui permit de devenir parlementaire dès la IIe Législature sans discontinuer, trente-quatre ans durant, de 1953 à 1983 sous les couleurs du MSI (trente ans député, quatre ans sénateur). De 1976 à 1982 il fut président du MSI dont il était l'un des fondateurs.

années 1970, hors bien évidemment leurs cercles restreints. Le mouvement Occident (qui, comme on l'a vu supra, fut dissous en 1968) ne s'était guère illustré par son étoffe idéologique, hors les coups de poing contre les mouvements gauchistes de 1968. Son héritier, Ordre nouveau[82], constitué pour l'essentiel des mêmes cadres, prit conscience de cette vacuité et fournit la matrice idéologique première du FN. Il était alors et jusqu'à la fondation de ce dernier, « l'unique parti politique constitué et structuré de l'opposition nationale[83] ». Deux combats l'animèrent. Il fallait d'une part barrer la route à l'ennemi de l'intérieur, la gauche, d'autant plus dangereuse à ses yeux, car unifiée autour de l'élaboration du Programme commun de 1972 (signé par le PCF, le PS et le Mouvement des radicaux de gauche), qui aboutit à la désignation d'un candidat unique, en la personne de François Mitterrand, dans la perspective de l'élection présidentielle de 1974. Il convenait, d'autre part, d'internationaliser la « lutte », Ordre nouveau faisant son miel de la Guerre du Vietnam, pour lui symbole de la résistance de l'Occident face à l'ennemi rouge. ON, confronté à ce double combat, prit alors conscience qu'il devait mettre fin à la période groupusculaire dont jamais, après-guerre, les extrêmes droites françaises n'étaient sorties. C'est ainsi qu'il se tourna, comme le firent ses prédécesseurs de l'*OAS* notamment, vers le « Parti frère », le « grand frère », le MSI encore et toujours, on l'aura compris, qui réussit, dans la même décennie à unifier les différentes extrêmes, jusqu'au courant monarchiste.

C'est fort de cet exemple qu'*ON* publie, dans le texte de son deuxième congrès (1972) :

> Nous voulons acquérir une dimension autre que celle d'une secte ou d'un groupuscule. L'action pour l'action c'est terminé. Nous voulons construire un grand parti comme le *MSI* italien que nous nous donnons déjà comme modèle [...]. Croire à l'heure actuelle qu'un groupuscule de 100 personnes peut changer la situation, cela n'est pas sérieux. La minorité agissante sera le parti avec

[82] Pour de plus substantiels développements sur ce mouvement, voir N. LEBOURG, J. PREDA, J. BEAUREGARD, *Aux racines du FN. L'histoire du mouvement Ordre Nouveau*, *op. cit.*

[83] J.-P. GAUTIER, *Les extrêmes droites en France : de la traversée du désert à l'ascension du front national*, *op. cit.*, p. 185.

> ses 20 000 ou 30 000 militants travaillant au sein d'une clientèle représentant au moins 10 % du corps électoral, c'est le cas actuel du *MSI* qui a maintenant une chance, pas avant[84].

Comme il l'avait fait autrefois pour l'*OAS* et ses satellites, le *MSI* soutint la démarche.

Outre la volonté d'élargir sa base militante pour conquérir un électorat correspondant à l'étiage historique auquel est parvenu le MSI en 1972 (voir *supra*), *ON*, contrairement à Occident, va se nourrir d'une vraie doctrine, alimentant son programme électoral. On ne s'étonnera pas, outre les habituelles récurrences structurant la pensée extrémiste que nous avons développées dans la IIe partie, de retrouver également l'inspiration « sociale », du retour aux sources du « fascisme révolutionnaire », tel qu'inscrit dans le Manifeste de la République sociale italienne de Salò[85]. Soit l'empreinte, toujours, du MSI qui s'en est fait légataire.

La dissolution d'ON (juin 1973), peu après la naissance du *FN* (octobre 1972), ne constitua jamais qu'une « mort » juridique, aucunement idéologique, puisque l'un de ses principaux intellectuels, François Duprat, continua son œuvre à l'ombre de Le Pen père. Cet historien de formation, idéologue antisémite et révisionniste de moult groupuscules d'extrême droite, fut l'un des fondateurs du *FN*[86]. Son influence auprès du président du parti fut très importante, jusqu'à son assassinat, en 1978, dans des conditions qui jamais ne furent élucidées. Il animait l'une des tendances les plus droitières de la formation, dite « nationaliste-révolutionnaire ». Directeur de de la *Revue d'histoire du fascisme*, hebdomadaire ouvertement néofasciste, il fut évidemment en contact étroit avec les idéologues italiens du « parti frère », d'autant qu'il continua le travail entrepris dans la revue déjà rencontrée *Défense de l'Occident* de Maurice Bardèche, dont il était rédacteur et où il écrivit quantité d'articles

---

[84] Cité par J.-P. GAUTIER, *op. cit.*, p. 186.

[85] Sur le Manifeste de Vérone voir *supra*, note 75.

[86] Aux côtés, entre autres, de Pierre Bousquet, ancien de la division SS Charlemagne, Emmanuel Allot, ancien milicien, condamné à la libération pour collaboration, André Dufraisse, membre du PPF et de la Légion des volontaires français contre le bolchévisme (la LVF, qui se battit avec les Allemands sur le front de l'Est), Roger Holeindre, ancien membre de l'OAS…

articles relatifs aux extrêmes droites italiennes et à leur histoire. La pensée néo-fasciste d'un François Duprat, édulcoré une décennie peu après par l'ethnodifférentialisme de la Nouvelle droite et du GRECE dont certains membres rejoignirent le *FN* à la mi-temps des années 1980[87], important le concept de « préférence nationale », devenu antienne du FN puis du RN, constituèrent le « nouveau terreau » de l'extrême droite institutionnelle française.

On ne peut ici recenser l'ensemble des liens unissant par-delà les frontières les formations d'extrêmes droites des deux pays jusqu'à la fondation du *FN* puis au-delà, tant ils furent nombreux[88]. Tant entrevues officielles et réunions clandestines se juxtaposèrent-elles, puisque jamais ne furent rompus les liens entre les deux partis officiels d'une part et les formations clandestines de l'autre. Tant ces accointances perdurèrent pendant les années de plomb italiennes, dans le sinistre contexte de la stratégie dite de la tension de l'extrême droite clandestine italienne et son cortège de massacres. Tant elles se maintinrent et perdurèrent jusqu'à la mue postfasciste du MSI, devenu *Alleanza nazionale* (fondée en 1995).

Ce qu'il était ici important d'établir, ainsi que nous l'avions annoncé en début de ce développement, c'était qu'elle avait été l'actualisation de la matrice originelle, « nouveau terreau » en son acte I des extrêmes droites renaissantes d'après-guerre, qui, en fait, ne reniaient rien, ou si peu, de leur passé idéologique, déjà travesti sous d'autres vocables.

À notre sens, on peut néanmoins exonérer *Alleanza nazionale* qui, sous la direction de Francesco Fini, parvint à transformer son mouvement en parti conservateur de type classique, rompant définitivement le cordon ombilical qui le reliait encore à Almirante. L'*aggiornamento* effectif que ce dernier établit, puisqu'il se détacha du legs néofasciste du *MSI*, ne signa pour autant pas la mort des extrêmes droites italiennes. Elles ressuscitèrent sous d'autres formes.

---

[87] C'est par exemple le cas de Jean-Yves Le Gallou ou de Bruno Mégret qui rallièrent tous deux le *FN* en 1985.

[88] Pour plonger dans ces eaux troubles de ces liens « fraternels », lire P. PICCO, *Liaisons dangereuses. Les extrêmes droites en France et en Italie*, *op. cit.* qui a en grande partie inspiré cette troisième partie.

Tout d'abord en raison de la transformation d'un parti septentrional, originairement sécessionniste (la *Lega Lombarda* devenue *Lega Nord*), en parti ouvertement xénophobe, la *Lega*, dirigé par Matteo Salvini, actuel vice-président du Conseil et ministre des Infrastructures et des Transports.

Ensuite du fait d'une réapparition d'un parti postfasciste, à travers la création de *Fratelli d'Italia*, dont il faut esquisser brièvement la genèse. Silvio Berlusconi avait précédemment créé un mouvement, *Il Popolo della libertà*, dans lequel avaient conflué toutes les droites, dont *Alleanza nazionale* qui, de ce fait, acta le même jour (29 mars 2009), sa dissolution. L'Italie subit fin 2011 une récession économique qui força celui qu'on appelait le *Cavaliere* à quitter définitivement la Présidence du Conseil. Le *Popolo della libertà* soutint néanmoins le gouvernement technique Monti, ancien Commissaire européen au marché intérieur puis à la concurrence, qui n'avait jusqu'alors jamais eu de mandat politique. Durant sa présidence, certaines personnalités appartenant antérieurement à *Alleanza nazionale*, Ignazio La Russa Guido Crosetto et Giorgia Meloni, se montrèrent des plus sceptiques quant à la ligne politique du gouvernement, ce qui les amenèrent à fonder en décembre 2012 *Fratelli d'Italia* dont Giorgia Meloni prit les rênes en 2014. Elle est, depuis octobre 2023 présidente du Conseil, forte des 26 % des suffrages qui se sont portés sur ses listes, devançant très nettement ses rivaux à droite (*Forza Italia* reconstituée et la *Lega*, chacune obtenant environ 8 points), alors qu'elle n'avait recueilli que 4 % des voix exprimées cinq ans auparavant.

En France, la succession familiale de l'entreprise politique des Le Pen se fit au prix d'une transformation en réalité cosmétique. La formation héritière du FN, le Rassemblement national, créé en 2018 avec pour objectif avoué la conquête du pouvoir au moyen d'une tactique de normalisation, masque mal la continuité idéologique que cette dernière dissimule, de par les multiples glissements sémantiques apparaissant dans ses discours. L'apparition, à l'occasion de l'élection présidentielle de 2022, d'un nouveau parti d'extrême droite, *Reconquête*, dirigé par Éric Zemmour, eut pour la formation héritière du *FN* l'avantage de faire croire en un recentrage de son discours.

4. Verbe des extrêmes droites et invariants structurels

Dans le cadre de ces derniers développements, ce qu'il importe à présent d'examiner c'est la principale des constantes de ces formations qui, dans l'Histoire sanglante de la première moitié du XXe siècle, a provoqué tant de drames, de massacres et de haine et distingue pourtant toujours, de façon en apparence édulcorée, les mouvements que nous étudions : on veut ici parler du racisme. Ils en recyclent en effet perpétuellement une forme désormais non assumée, sous couvert, on le répète encore, d'ethnodifférentialisme, c'est-à-dire de la défense de la civilisation occidentale en regard des autres civilisations qui seraient censées la menacer, au nom d'un prétendu « droit à la différence » (hors bien sûr les groupuscules néofascistes ou néonazis revendiqués, car se situant hors champ de cette étude dont la focale s'est portée sur les extrêmes droites institutionnelles, même si nous avons pu ponctuellement évoquer ces « ultras des extrêmes », si l'on permet cette expression).

La bataille des mots est ici primordiale. Cette « guerre de position » menée par la Nouvelle Droite et le GRECE est le fruit d'un « gramscisme de droite », qui puise sa source dans la pensée du philosophe Antonio Gramsci, cofondateur du Parti communiste italien. Ce dernier, dans le cadre d'une réactualisation du concept marxiste de superstructure, entreprit de distinguer la « guerre de position », préalable à la « guerre de mouvement »[89], dont il développa le contenu dans ses *Cahiers de prison*[90]. Pour comprendre le renversement opéré par la Nouvelle Droite et le GRECE, il faut rapidement préciser quelles sont ces deux « guerres ». C'est le concept d'« hégémonie » qu'à travers ces deux expressions le philosophe embastillé par Mussolini[91] voulait préciser. Si l'infrastructure au sens marxiste du terme

---

[89] Pour l'étude de ces concepts, voir Patrice Moundounga Mouity, *Antonio Gramsci, Guerre de mouvement et guerre de position*, Paris, La Fabrique, 2012, 338 p.

[90] A. Gramsci, *Quaderni del carcere*, Torino, Einaudi, 1948-1951 (1e éd. *post mortem*), traduction française : A. Gramsci, *Cahiers de prison*, Paris, Gallimard, NRF, en plusieurs tomes édités à partir de 1996, complétés par une édition plus abordable, Id., *Cahiers de prison, anthologie*, Paris, Gallimard, Folio Essais, 2022, 802 pp.

[91] Gramsci fut incarcéré de 1926 à sa mort, en 1937.

(l'appareil de production économique) n'est pas contestée par Gramsci dans l'explication du matérialisme historique, la domination de la classe dominante, soit la bourgeoisie dans le cadre d'une économie capitaliste, s'exerce aussi par l'emprise de cette dernière sur les classes populaires. Elle fait triompher sa façon de penser le monde et de s'exprimer, de sorte que les « exploités » ne peuvent aspirer à une quelconque entreprise de type révolutionnaire. C'est pourquoi Gramsci veut promouvoir une nouvelle culture, celle-ci à destination de leurs intérêts propres, visant à repousser l'hégémonie culturelle de la classe dominante et à imposer tout au contraire la leur. C'est ce qu'il appelle la « guerre de position », préalable à la « guerre de mouvement » destinée, elle, à la conquête du pouvoir.

On comprend à présent aisément quelle peut être l'utilisation qui en est faite par les extrêmes droites. Il s'agit d'imprimer, de pilonner, de marteler les termes et idées nourris des invariants analysés dans la deuxième partie de cette étude, mais évidemment sous d'autres formes, en apparence moins polémiques (allant jusqu'à s'accaparer l'héritage républicain, en en détournant le sens[92]). On a pu ainsi parler en France de « Lepénisation des esprits[93] », poursuivie par Marine Le Pen, car, quoi qu'on en dise, l'héritage de la responsable du RN n'est pas uniquement biologique. Plus profondément, cette « guerre de position », en sa forme usurpée relativement aux objectifs poursuivis par le philosophe italien, permet bien d'asséner le concept d'ethnodifférentialisme (sous d'autres termes plus accessibles, bien sûr, dans le cadre des discours des dirigeants).

Et pourtant, là encore, on ne prêta pas assez attention au verbe. Aux discours, aux écrits politiques. Et pourtant, ainsi que nous le rappelle Michel Wieviorka[94], Martin Barker avait

---

[92] Donnons ici pour exemple l'utilisation dévoyée de la laïcité par Marine Le Pen, n'ayant pour seul but que d'identifier un autre « ennemi », le musulman, de fait l'arabe musulman, en tant que menace civilisationnelle.

[93] Sur cette dernière, voir S. TISSOT, « La langue du FN et la "lepénisation" des esprits : éléments pour une grille d'analyse du racisme en France », *Raison présente*, n° 167, 3e trimestre 2008, numéro intitulé *Démonter le langage du pouvoir*, pp. 73-86.

[94] M. WIEVIORKA, *Le racisme, une introduction*, Paris, La Découverte, 1998, p. 32.

« disséqué » dès 1981 les sources et intentions de ce qu'il appelait le « nouveau racisme[95] ». La justification de l'infériorité biologique paraissant éculée, Barker saisit et analyse fort bien comment s'est effectué le basculement vers la différenciation culturelle. Il n'est que verbe, travestissement idéologique, car, de toutes les façons, le résultat de ce combat est sensiblement identique : cette différence prétendument culturelle constitue, tout comme l'était la justification du racisme « scientifique » ou biologique, une menace pesant sur l'identité du peuple mythifié, de cette nation fantasmée, anciennement de cette race « pure », celle que les extrêmes prétendent nôtre.

« On est chez nous » scandent à l'envi les militants réunis dans les meetings d'extrême droite en France, « *Siamo a casa nostra, branco di figli di puttana* [que l'on nous autorise ici à ne pas infliger de traduction au lecteur] » s'autorisa à écrire dans un tweet des plus fleuris Matteo Salvini, à l'occasion d'une de ses continuelles « analyses » de faits divers (il s'agissait en l'occurrence d'une émeute urbaine)[96], illustration paroxystique

---

[95] M. BARKER, T*he New Racism: Conservatives and the Ideology of the Tribe Couverture*, Toronto, Junction Books, 1981, 183 p.

[96] Tweet du compte officiel de Matteo Salvini en date du 23 novembre 2017. Il s'agissait ici en l'occurrence d'une émeute urbaine à… Mantes-La-Jolie, en région parisienne. L'inconscient du *Capitano*, ainsi qu'il se fait appeler par ses partisans, trahit ici quelle est la maison (*casa nostra*) qu'il prétend sienne, qu'il prétend nôtre, qu'il prétend être celle de son « public », le « peuple » : elle n'est pas en réalité l'Italie puisque l'émeute urbaine se déroulait en France. Elle se situe en un ailleurs, un méta-*topos*, l'Occident. Allons plus avant en citant l'intégralité du Tweet de Salvini. Il y écrit : « A Mantes-la-Jolie, près de Paris, dans le quartier aux mains des immigrés et des islamistes, guerre urbaine contre la police : cocktails Molotov, tirs de mortier et voitures incendiées. Le motif ? Avoir arrêté l'un d'entre eux lors d'un contrôle ». Sans connaissance aucune du dossier, « l'un d'entre eux » est donc fatalement assimilé à la figure de l'ennemi. Ce « l'un d'entre eux » est nécessairement, comme ceux qui se livrent à l'émeute, un immigré (ainsi que le postule Salvini), soit, par paralogisme, un islamiste, c'est-à-dire un terroriste en puissance, qui se dresse contre l'État, représenté par les forces de l'ordre. De ces simples mots jaillit le règne de l'amalgame qui sourd de la phraséologie typique de l'extrême droite. La logique, fallacieuse, est implacable. Immigré = voyou = islamiste = potentiel terroriste = guerre contre l'État (à travers ici les forces de l'ordre) = guerre contre notre maison (*casa nostra*), c'est-à-dire contre notre civilisation, soit l'Occident. Ce qu'il fallait démontrer. Il s'agit là d'un chef d'œuvre de sophisme, malheureusement efficace, et dont la substance sera maintes fois reprises, dépassant toute

de l'utilisation débridée qu'il fait continûment des réseaux sociaux (nous y reviendrons).

Parce que les extrêmes droites ont toujours eu besoin d'un moteur, susceptible d'attiser la peur et d'amener les foules à les rejoindre, la figure du bouc émissaire demeure centrale, même si, effectivement, il n'est plus le même. L'ennemi principal fut jusqu'à la Seconde Guerre mondiale, « Le Juif », en tant qu'entité propre, réduit à sa nature, à sa race prétendument dominatrice visant à s'accaparer le Monde, dans le sillage notamment des pensées délirantes d'Édouard Drumont ou du phantasme complotiste des Protocoles de Sion, pamphlet antisémite établi par les services staristes.

Il est vrai néanmoins que l'antisémitisme s'efface aujourd'hui dans les milieux d'extrêmes droites (précisons, de nouveau, dès lors qu'elles sont institutionnelles, exception peut-être faite, nous le verrons plus avant, de la *Lega*). En France, et au contraire de son père, dont les calembours plus que douteux visant à complaire à une partie à tout le moins de ses partisans lui valurent moult condamnations[97], Marine Le Pen s'est montrée sans ambiguïté dans le rejet de l'antisémitisme. Le FN du « patriarche » s'opposait aux lois Pleven (1972) et Gayssot (1990) et flirtait complaisamment avec le révisionnisme délictualisé par cette dernière, quand le RN les accepte dorénavant. Cela fut acté publiquement par Sébastien Chenu, vice-président de l'Assemblée nationale, dans un entretien qu'il accorda le 26 octobre 2022 à Radio J (radio confessionnelle juive). Il déclara en effet qu'il n'avait « aucun problème à reconnaître une loi condamnant le négationnisme », qualifié d'« abominable » et condamnable « sans aucune ambiguïté », revenant donc définitivement sur la vieille revendication de l'abrogation de la loi Gayssot, autrefois jugée « liberticide » par le FN, période paternelle.

---

satiété. Mais, répétons-le encore, il y a un au-delà de l'État, un au-delà du pays, il y a cette *casa nostra*, l'Occident, cette zone assiégée qu'il s'agit à tout coût de défendre. La défense de ce méta-*topos* fantasmé, parce que martelé, a pour seule fonction d'imprégner *ad nauseam* les esprits, jusqu'à ce qu'elle devienne « évidence », « Vérité ».

[97] « Les chambres à gaz sont un détail de l'histoire », « Durafour crématoire », « On en fera une fournée la prochaine fois ».

En Italie, le même chemin avait été emprunté dix-neuf ans plus tôt par Gianfranco Fini, chef d'*Alleanza nazionale* et alors numéro deux du Gouvernement Berlusconi, dans un voyage qu'il effectua en Israël du 23 au 26 novembre 2003. Les images du dirigeant du parti postfasciste s'inclinant, kippa sur la tête, devant le Mur des Lamentations, frappèrent l'opinion transalpine. Au cours de sa visite à Yad Vashem, il dénonça « les infâmes lois raciales voulues par le fascisme en 1938 », et condamna la République sociale italienne (*RSI*), créée en 1943 par Mussolini, affirmant qu'il s'agissait d'« une page honteuse du passé de l'Italie », ajoutant que ce fut « l'époque du mal absolu ». La période du *MSI* de Giorgio Almirante, dont il fut pourtant le dauphin et épousa longtemps les thèses, était, cette fois, clairement révolue.

Si la condamnation fut moins spectaculaire, elle est pour autant la parole officielle de Giorgia Meloni qui a par ailleurs affirmé regretter ses propos de 1996 quand elle était militante à la formation jeunesse d'*AN* (Mussolini disait-elle alors était un « bon politicien » qu'elle définissait comme « une personnalité complexe à considérer dans son contexte historique »).

En revanche, la *Lega* de Matteo Salvini est beaucoup moins claire à ce sujet. Lorenzo Fontana, alors ministre de la famille et membre de cette formation, déclara en effet en 2018 « Abrogeons la loi Mancino [la loi dite Mancino de 1993 condamne l'apologie du fascisme et sanctionne aussi toute forme de discrimination raciale, ethnique, et religieuse] qui en ces années étranges s'est transformée en une norme utilisée par les mondialistes pour habiller d'antifascisme leur racisme anti-italien ! ». Matteo Salvini, alors ministre de l'Intérieur et vice-président du conseil du gouvernement Conte l'avait en cette occasion clairement soutenu, n'hésitant pas à affirmer « Je suis avec Fontana. Aux idées, même les plus étranges on répond avec d'autres idées et non avec les menottes[98]. »

On retrouve aussi en France, dans le parti *Reconquête*, des relents nauséabonds, Éric Zemmour prétendant contre l'évidence

[98] Pour plus de précisions lire, sur l'extrême droite italienne et l'antisémitisme, C. CAZALÉ BÉRARD « Aspects de l'antisémitisme actuel en Italie : un panorama en clair-obscur », *Tsafon. Revue d'études juives du Nord*, n° 75, 2018.

que Pétain aurait sauvé les juifs français et que l'innocence du capitaine Dreyfus n'était en réalité pas établie. Les contre-vérités, approximations et transgressions sont légion chez Zemmour, à telle enseigne qu'elles ont fait l'objet d'une réfutation systématique par un collectif d'historiens[99] démolissant entre autres, s'il en était encore besoin, la thèse du glaive et du bouclier et celle de la protection des juifs français. La langue de Zemmour, pour reprendre le titre éponyme de l'ouvrage de sémiolinguistique qui lui est consacré par Cécile Alduy[100], semble être le décalque de Le Pen père, en ce sens qu'elle se nourrit de provocations spectaculaires, l'ancien journaliste n'ayant cure des multiples condamnations prononcées contre lui, tant elles lui permettent de s'ériger en victime, autre classique usé jusqu'à la corde par les dirigeants d'extrême droite.

« Le Juif », en tant que figure honnie, a apparemment disparu dans les autres mouvances, il n'est plus la figure de « l'ennemi ». Le réprouvé n'est plus le même. Ce n'est plus, croit-on, l'individu stigmatisé en tant que tel, on veut dire en tant que constitutif de la race, par métonymie. C'est à présent un groupe, l'islam, volontairement confondu par exemple par un Zemmour avec l'islamisme (dont il affirme l'identité en raison du projet politique contenu dans le Coran et dans les sourates du Prophète). Ce n'est plus l'individu, c'est le groupe, c'est l'Oumma, en tant que communauté universelle des musulmans, en tant que nation universelle des disciples de Mahomet (selon la traduction du terme en français). C'est la Charia (loi canonique de l'islam) dont on redoute qu'elle finisse par s'imposer en France par le truchement du « grand remplacement[101] », figure si redoutée d'un projet caché de l'État profond (le *Deep State* « créé » de toutes pièces par les complotistes étatsuniens d'extrême droite). Mais ce ne sont pas tous les musulmans qui sont en réalité visés, ce sont principalement les Arabes de confession musulmane qui

---

[99] A. AGLAN, F. BESSON, J.-L. CHAPPEY, V. DENIS, J. FOA, C. GAUVARD, L. JOLY, M. LARRÈRE, A. LOEZ, G. NOIRIEL, N. OFFENSTADT, P. ORIOL, C. RIDEAU-KIKUCHI, V. SANSICO, S. BÉNAULT, *Zemmour contre l'histoire*, Paris, Gallimard, coll. « tracts », n° 34, 2022.

[100] C. ALDUY, *La langue de Zemmour*, Paris, Seuil, coll. Libelle, 2022, 60 p.

[101] R. CAMUS, *Le grand remplacement : introduction au remplacisme global*, Paris, 2021, La Nouvelle Librairie (éd.), 586 pp.

sont devenus la principale cible, le nouvel « ennemi ». On retrouve cette constante dans les discours de quatre formations principales d'extrêmes droites en Italie et en France. Bien évidemment, « L'Arabe » n'est pas explicitement mentionné comme l'était « Le Juif », les nouveaux idéologues ayant fait leur œuvre et soupesant leurs mots, ensuite relayés par les dirigeants. Mais il est clairement identifié, il n'est point besoin d'être grand clerc pour saisir l'infratexte.

Dans trois ouvrages remarquables, Cécile Alduy et Stéphane Whanich d'une part, Raphaël Llorca d'autre part[102], ont décrypté, à travers une analyse sémiolinguistique poussée, la permanence de l'idéologie de ce que l'auteur de ces lignes a appelé « le nouveau terreau » en son acte I des extrêmes droites françaises. Cet acte II de ce « nouveau compost », apparu dans les années 2010 (RN, FdI) voudrait mettre en scène une prétendue « dédiabolisation ». Elle n'est en réalité que le palimpseste de l'idéologie forgée en France, sous l'ombre et la protection du *MSI* avec l'apparition de l'extrême droite tout d'abord groupusculaire et clandestine, puis institutionnelle.

Essayons modestement de nous inspirer des enseignements de ces auteurs à travers quelques extraits de deux discours que les dirigeantes italiennes en apparence plus présentables, Marine Le Pen et Giorgia Meloni, quand leurs comparses, Salvini et Zemmour, utilisent finalement le « nouveau terreau », Acte I, maniant à l'envi provocations, accusations voire anathèmes, replongeant sciemment dans les années 1970-1980.

On a choisi deux discours, celui prononcé par Marine Le Pen à Fréjus le 17 septembre 2016, sept mois avant le premier tour de l'élection présidentielle de 2017, et celui formulé par Giorgia Meloni à Rome le 19 octobre 2019, quatre semaines avant les européennes de la même année. Deux discours programmatiques donc, en regard des échéances électorales. Quoiqu'elles se défient aujourd'hui l'une l'autre, la première nourrissant des

---

[102] C. ALDUY, S. WAHNICH, *Marine Le Pen prise aux mots. Décryptage du nouveau discours frontiste*, Paris, Seuil, 2015, 320p. ; C. ALDUY, *La langue de Zemmour*, *op. cit.* ; R. LLORCA, *Les nouveaux masques de l'extrême droite. La radicalité à l'ère Netflix*, Paris, Les éditions de l'aube, 2022, 128 p.

affinités avec Salvini, la seconde avec Zemmour, leur idéologie profonde ne diffère pas.

La responsable française affirmait il y a six ans que « La France, c'est d'abord le peuple français, notre peuple [...]. Ce sont des millions de femmes et d'hommes fondamentalement unis par des liens invisibles, mais irréductibles, unis par l'amour d'un pays, par l'attachement à une langue et une culture. »

On retrouve ici l'invariant d'un peuple uni, homogène, entité globale autant que fantasmatique, confondant en vérité (constante de l'extrême droite) peuple et nation. Que l'on se reporte au discours prononcé à la Sorbonne par Ernest Renan en 1882[103] :

> Une nation est une âme, un principe spirituel. Deux choses qui, à vrai dire, n'en font qu'une. L'une est dans le passé, l'autre dans le présent. L'une est la possession en commun d'un riche legs de souvenirs, l'autre est le consentement actuel, le désir de vivre ensemble, la volonté de continuer à faire valoir l'héritage qu'on a reçu indivis.

Comment mieux définir la nation, entité en vérité insaisissable, comment mieux affirmer que la nation puise dans le passé, dans l'héritage, dans ce legs dont on ne sait vraiment de quoi est-il constitué ? Valmy ou Charles Martel, la Résistance ou ce « lien invisible », ainsi que l'énonce l'oratrice de Fréjus ? Partant, la confusion qu'opère Marine Le Pen n'est-elle pas volontaire ?

Plus loin elle assène que « le monde ne survivra que par la diversité humaine, culturelle, la biodiversité », thèse classique de l'ethnodifférentialisme issu du « gramscisme de droite » dans les années 1970. « Personne ne doit ignorer », poursuit-elle, « que cette élection présidentielle met en jeu une alternative implacable, soit la France, sa souveraineté, son *identité, ses valeurs*[104], sa prospérité, soit un pays que nous ne reconnaîtrons plus, qui nous sera devenu *étranger*. Je vous le dis, il n'y aura plus de France sans *identité* ». C'est un discours de combat, où

---

[103] La conférence que donna le philosophe a été publiée, en son édition originale, en 1887. Voir E. RENAN, *Qu'est-ce qu'une nation*, Paris, Flammarion, coll. « Champs classiques », 2011, (rééd.), 128 pp.

[104] Nous soulignons.

l'implicite transparaît dans l'infratexte. Où l'on voit réapparaître le Eux et le Nous, cet Ami et cet Ennemi, ce Eux/Ennemis qui détruiraient l'identité de la France, ce Nous/Amis qui la préserveraient. Ce peuple fantasmé, cette nation confondue, révèlent de façon paradigmatique la conception organiciste fondatrice du discours des extrêmes droites, génératrice de ce « racisme moderne », dont ces mouvances se défendent continûment. « Nous, citoyens français, nous, peuple français, ne décidons plus de notre destin. Nos lois ne sont plus nos lois, nos codes et nos mœurs ne sont plus nos codes et nos mœurs ». Le Eux/Ennemis, celui que l'on ne désigne pas encore dans le discours, Marine Le Pen le fera plus loin, est pourtant clairement identifiable, c'est l'immigration, c'est la population musulmane qui imposerait insidieusement sa religion, sa culture, et détruirait l'identité de la France.

Malgré les différences en matière économique, Giorgia Meloni étant clairement libérale[105], Marine Le Pen se prétendant sociale[106], le discours qu'elle prononce à Rome en septembre 2019 est tout à fait similaire.

La présidente, alors, de *Fratelli d'Italia* interroge : « Savez-vous, quelle est la première mesure qu'ils ont programmée [sont ici visés les parlementaires au soutien du Gouvernement Conte II, alliance étonnante entre le *Mouvement cinq étoiles*, politiquement inclassable et le *Parti démocrate*, de centre gauche, succédant au Gouvernement Conte I[107], résultant d'une coalition entre le *M5S* et la *Lega*] ? La première mesure que ces messieurs ont programmée au Parlement est la loi Boldrini pour donner la citoyenneté automatique aux immigrés. Ils vous disent qu'ils veulent donner la citoyenneté aux enfants étrangers qui étudient avec nos enfants dans nos écoles, mais ce n'est pas vrai : la vérité, c'est qu'ils utilisent les enfants comme boucliers

---

105 Elle a par exemple supprimé le « revenu universel », en réalité proche du RSA français, mis en place quelques années plus tôt à la demande du Mouvement cinq étoiles, qui comptait alors des ministres dans le Gouvernement Conte.

106 Lire à ce sujet V. IGOUNET « La conversion sociale du FN, mythe ou réalité ? », *Revue Projet*, 2016/5, n° 354, pp. 35-40.

107 Sur cet étonnant attelage, voir. M. LAZAR, « Une nouvelle épreuve pour la démocratie italienne », *Pouvoirs*, 2019/2, n° 169, pp. 47-59.

humains pour donner la citoyenneté à tout le monde ! Car c'est ce que prévoit la loi Boldrini. Nous disons non, et nous avons déjà recueilli 100 000 signatures, parce que *la citoyenneté italienne ne se donne pas*[108] ! Si vous voulez être citoyen italien, vous devez le vouloir, vous devez transpirer pour l'obtenir, vous devez le mériter. Et lorsque la citoyenneté vous est accordée, vous devez la célébrer. C'est ainsi que cela fonctionne chez nous : *la citoyenneté n'est pas un droit, c'est une récompense pour ceux qui respectent nos règles, nos lois et notre identité* ».

Conception organique du peuple/Nation, discours identitaire, désignation du Eux, les immigrés, nous retrouvons là encore, s'il en était besoin, les invariants de l'extrême droite.

Décidément, et pour conclure, répétons-le une dernière fois : on ne prête pas assez attention au verbe. Aux discours, aux écrits politiques. Aux mots qu'ils véhiculent et sont, déjà, en réalité des actes.

[108] Nous soulignons.

TABLE DES MATIERES

Structures éditoriales du groupe L'Harmattan

L'Harmattan Italie
Via degli Artisti, 15
10124 Torino
harmattan.italia@gmail.com

L'Harmattan Hongrie
Kossuth l. u. 14-16.
1053 Budapest
harmattan@harmattan.hu

L'Harmattan Sénégal
10 VDN en face Mermoz
BP 45034 Dakar-Fann
senharmattan@gmail.com

L'Harmattan Cameroun
TSINGA/FECAFOOT
BP 11486 Yaoundé
inkoukam@gmail.com

L'Harmattan Burkina Faso
Achille Somé – tengnule@hotmail.fr

L'Harmattan Guinée
Almamya, rue KA 028 OKB Agency
BP 3470 Conakry
harmattanguinee@yahoo.fr

L'Harmattan RDC
185, avenue Nyangwe
Commune de Lingwala – Kinshasa
matangilamusadila@yahoo.fr

L'Harmattan Congo
67, boulevard Denis-Sassou-N'Guesso
BP 2874 Brazzaville
harmattan.congo@yahoo.fr

L'Harmattan Mali
ACI 2000 - Immeuble Mgr Jean Marie Cisse
Bureau 10
BP 145 Bamako-Mali
mali@harmattan.fr

L'Harmattan Togo
Djidjole – Lomé
Maison Amela
face EPP BATOME
ddamela@aol.com

L'Harmattan Côte d'Ivoire
Résidence Karl – Cité des Arts
Abidjan-Cocody
03 BP 1588 Abidjan
espace_harmattan.ci@hotmail.fr

Nos librairies en France

Librairie internationale
16, rue des Écoles
75005 Paris
librairie.internationale@harmattan.fr
01 40 46 79 11
www.librairieharmattan.com

Librairie des savoirs
21, rue des Écoles
75005 Paris
librairie.sh@harmattan.fr
01 46 34 13 71
www.librairieharmattansh.com

Librairie Le Lucernaire
53, rue Notre-Dame-des-Champs
75006 Paris
librairie@lucernaire.fr
01 42 22 67 13

www.ingramcontent.com/pod-product-compliance
Lightning Source LLC
LaVergne TN
LVHW021219061026
849535LV00008B/2816